生产性服务业网络促进制造业价值链攀升的机理研究

张　瑞　著

中国财经出版传媒集团
中国财政经济出版社

图书在版编目（CIP）数据

生产性服务业网络促进制造业价值链攀升的机理研究／张瑞著．--北京：中国财政经济出版社，2020.6
（呼伦贝尔学院民族学研究系列丛书）
ISBN 978-7-5095-9816-0

Ⅰ.①生… Ⅱ.①张… Ⅲ.①生产服务-服务业-关系-制造工业-产业发展-研究-中国 Ⅳ.①F726.9 ②F426.4

中国版本图书馆 CIP 数据核字（2020）第 082447 号

责任编辑：蔡　宾　　　　责任校对：张　凡
封面设计：陈宇琰

中国财政经济出版社出版
URL：http：//www.cfeph.cn
E-mail：cfeph @ cfeph.cn

社址：北京市海淀区阜成路甲 28 号　邮政编码：100142
营销中心电话：010-88191537　编辑部门电话：010-88190666
北京财经印刷厂印刷　各地新华书店经销
787×1092 毫米　16 开　6.25 印张　210 000 字
2020 年 7 月第 1 版　2020 年 7 月北京第 1 次印刷
定价：36.00 元
ISBN 978-7-5095-9816-0
（图书出现印装问题，本社负责调换）
本社质量投诉电话：010-88190744
打击盗版举报热线：010-88191661　QQ：2242791300

中文摘要

生产性服务业与制造业联动发展是中国制造业转型升级的基本途径。中国制造业目前正处在全球价值链的中低端，如何创新发展生产性服务业助力中国制造业向全球价值链高端跃进，是亟待解决的重要现实问题，也是学界研究的热点。

本书打破传统的主要分析生产性服务业对制造业价值链攀升的直接促进作用的研究框架，从产业组织模式创新角度研究生产性服务业网络促进制造业价值链攀升的作用机理。本文主要从以下三个方面展开研究：

第一，探究生产性服务业网络促进制造业价值链攀升的微观机理。以专业化和分工为基础，借鉴新兴古典经济理论建立内生性生产性服务业和制造业价值链分离与分立的分工演进模型，通过一般均衡和超边际分析方法探究制造业价值链内生产性服务环节和制造环节分离与分立的动力来源，分析生产性服务业网络的微观生成机理，识别生产性服务业网络与专业化水平、交易效率、人均收入水平等变量的相互关系，进而明确生产性服务业网络与制造业价值链攀升的内在规律。

第二，验证生产性服务业网络促进制造业价值链攀升的网络效应的存在。对制造业价值链定量问题展开研究，以国内出口技术复杂度作为衡量中国制造业在全球价值链中的位置；运用空间计量分析设定邻近距离、地理距离和经济特征等空间权重矩阵，多维度、动态地考察生产性服务业网络促进制造业价值链攀升的网络效应。

第三，评价生产性服务业网络促进制造业价值链攀升的重要作用。本文运用德尔菲法对个别企业进行案例研究，考察并评价企业如何通过构建生产性服务业网络链接到全球生产体系，极大限度地在更广泛空间范围内整合资源并提高自身竞争优势，进而实现由价值链低端的生产制造向价值链高端的研发、品牌与服务等环节攀升的具体行为过程，以此进一步为理论分析和实证检验提供具有解释力的现实依据。

本书的理论贡献主要体现在以下三个方面：一是通过以专业化和分工为基础的生产性服务业网络促进制造业价值链攀升的微观考察，并结合宏观的实证检验和具体企业的案例分析，从产业组织创新视角系统论证了生产性服务业网络促进制造业价值链攀升的机理。二是力争克服主流的将生产者和消费者完全隔离，忽视专业化和分工而无法分析经济组织演进的新古典经济研究局限，尝试以新兴古典经济理论模型来研究生产性服务业网络组织促进制造业价值链攀升的内在规律，以便更好地解释宏观经济现象。三是多维度、动态地实证检验生产性服务业网络对制造业价值链攀升的网络效应，为生产性服务业促进制造业价值链升级提供新的理论联系实际的方法论。

关键词：生产性服务业网络　制造业　价值链

ABSTRACT

The interactive development of producer services and manufacturing industry is the fundamental way to the transformation and upgrading of manufacturing industry in China. Chinese manufacturing industry is currently lying in the mid-and-low-end in the global value chain. It is an important and urgent practical problem that how to develop producer services innovatively in China to help manufacturing industry climb to the high-end of global value chain, and is also a hotspot in academia.

This dissertation breaks through the traditional research framework which analyzes the direct effect of producer services to manufacturing value chain upgrading. And we tries to study the acting mechanism from the perspective of industrial organization innovation. We focuses on the research from the following aspects:

To explore the microscopic mechanism of producer services network to promote manufacturing industry value chain upgrading. On the basis of specialization and division of labor, applying the new classical economics theory, throughout the establishment of endogenous division of labor model which including producer services and manufacturing industry, the study explores the powerful source of motivation for the separation of producer services and manufacturing industry with the method of general equilibrium and infra-marginal analysis, and analyzes the microscopic formation mechanism of producer services network. The study also identifies the relationship between the producer services network and the variables (such as the level of specialization, transaction efficiency and the level of per capita income), therefore we could clarifies the inherent laws of producer services network and manufacturing value chain upgrading.

To verify the existence of network effects that producer services network promotes manufacturing value chain upgrading. We make the quantitative research on the manufacturing value chain, and take the domestic technological sophistication of Chinese manufacturing industry exports to measure the Chinese manufacturing position in the global value chain. Using spatial econometric analysis and set contiguity distance, geographic distance and economic characteristics of spatial weights matrix, which in order to multi-dimensionally and dynamically investigate the network effects.

To evaluate the importance of producer services network to promote manufacturing value chain upgrading. Using Delphi method makes case studies on individual enterprise. The study inspects and evaluates the behavior process that how enterprise establishes producer services network and links it to the global value chain, and how to integrate resources greatly within the broader space and enhance its competitive advantage, so as to upgrade from the low-end that works on manufacturing to the high-end that engages in R&D, brand and services in the global value chain. The result could further provide an explanatory realistic basis for the theoretical analysis and the empirical test in this dissertation.

The theoretical contributions of this dissertation are as following: Firstly, we demonstrates the mechanism by means of the micro-investigation that producer services network to promote manufaturing industry value chain upgrading systematically from the perspective of innovative industrial organization. Combining with the macro-empirical test and the case analysis of concrete enterprise, promoting manufacturing value chain upgrading based on the theory of specialization and division of labor. Secondly, we strives to overcome the limitations of the mainstream neoclassical theory that couldn't analyze the evolution of economic organization because it completely separates producers from customers and overlooks specialization and division of labor. The dissertation analyzes the inherent laws that producer services network promotes manufacturing value chain upgrading depend on new classical economic theory in order to explain the macroeconomic phenomenon better. Thirdly, we test the network effects of producer services network on manufacturing value chain upgrading with multi-dimensional and dynamic empirical studies, which provides a new methodology of theory into practice that how producer services promote manufacturing value chain upgrading.

KEY WORDS: Producer services network, Manufacturing Industry, Value Chain

目　录

第1章　绪　　论

1.1　研究背景

1.1.1　现实背景

一方面，全球生产方式的变革促使全球产业组织形式发生变化。

20世纪80—90年代以来，众多制造业企业生产方式发生重大变革，原来追求规模经济和范围经济的高度专业化、大批量、少品种的福特制大规模生产转向了以客户为中心的、个性化的大规模定制的柔性生产。相应的，纵向一体化产业组织形式出现纵向分离和网络化趋势，网络化逐渐发展成为一种新兴的产业组织形态，并由此产生了新的产业组织效应。全球价值链或全球生产网络成为未来世界经济的长期发展框架。可见，中国制造业要想实现向全球价值链高端攀升，必须适应全球产业组织形式的变革。而且，在信息技术和互联网技术的推动下，各国相继出台了关于制造业发展规划（表1-1），因此，中国制造业未来应在更广泛的空间内拓展资源，实现应对复杂多变的全球制造转变。

表1-1　各国制造业发展规划

国家	时间	政策名称	政策目标
美国	2009年	"再工业化"计划	发展先进制造业，实现制造业智能化，保持美国制造业价值链上的高端位置和全球控制者地位
德国	2013年	"工业4.0"计划	由分布式、组合式的工业制造单元模块，通过组建多组合、智能化的工业制造系统，应对以智能制造为主导的第四次工业革命
日本	2006年	"创新25战略"计划	通过科技和服务创造新价值，以"智能制造系统"作为该计划核心理念，促进日本经济的持续增长，应对全球大竞争时代
英国	2014年	"高价值制造"战略	应用智能化技术和专业知识，达到重振英国制造业的目标
韩国	2009年	"新增长动力规划及发展战略"	确定三大领域17个产业为发展重点推进数字化工业设计和制造业数字化协作建设，加强对智能制造基础开发的政策支持

续表

国家	时间	政策名称	政策目标
印度	2014 年	“印度制造”计划	以基础设施建设、制造业和智慧城市为经济改革战略的三根支柱，通过智能制造技术的广泛应用将印度打造成新的“全球制造中心”

资料来源：wind 数据库。

另一方面，中国制造业正面临向全球价值链高端攀升的现实问题、机遇和挑战。

就问题而言，在全球经济放缓、外需疲软、国内要素成本上升以及“瀑布效应”[①] 的影响下，过去中国以低端制造为主的外向型经济红利逐渐消失，迫使中国制造业向全球价值链高端攀升。但是，中国制造业正面临的是内部产业结构不合理、产品缺乏竞争力、协同创新能力不足等亟待解决的现实问题。

产业结构问题主要表现为中国制造业大而不强。与发达国家相比，中国制造业技术创新能力十分薄弱，习惯于高端设备靠引进，有的设备甚至多次重复引进，没有形成自己的创新产品，尤其体现在装备制造业上面，虽然中国制造产品种类繁多，但关键装备无法制造，都是依靠进口。而且，中国制造业缺乏发达的产业分工体系，目前总体上处于大而全或小而全的状态而忽视了产业分工，可以说中国制造业还没有形成强大的产业链。

制造业产品缺乏竞争力主要是指中国制造业的发展更多的是依靠资源、资本和简单劳动投入的粗放型的增长方式，而产业内生的效率提升不足。一是制造产品研发和设计不足、制造企业内在发展的动力不足，产品质量不佳缺乏竞争力。比如中国汽车多是购买意大利的汽车设计，但即使使用了人家的图纸，生产出来的产品质量也不佳，开始时使用还可以，但耐久性不够，其实质是材料问题。二是制造业市场营销和拓展能力不足，产品普遍出现同质化趋势，国际竞争力不强，致使中国制造业始终处于全球价值链的中低端。

制造业协同创新问题主要表现为鼓励创新的外部环境亟待提升，制造业内部自主创新能力不足，企业自成体系，协同创新不足，不愿意共享专利，产学研条块分割，协同力度亟待加强，科技服务业、研发服务业亟待发展。

与此同时，中国制造业同样面临难得的向全球价值链高端攀升的发展机遇。一是全球化和网络化背景下，中国制造业与世界经济的联系和影响日益加深，国际技术和人才在全球范围内重新配置，有利于中国制造业在更广领域、更高层次参与国际合作与竞争；二是内需正在成为我国制造业发展的关键力量；三是城镇化会对制造业、工程业与服务业都产生旺盛需求；四是政策上，国家出台一系列鼓励制造业发展的产业规划（表 1 - 2），为中国制造业发展指明了方向；五是 2015 年中国服务业产出占 GDP 比重为 50.5%，服务业已经发展成为中国第一大产业，这为中国目前通过创新服务业发展来提高制造业综合竞争力，向全球价值链高端攀升创造了良机。

① “瀑布效应”：是指产业集中进程并不只局限于全球公司这种最高的系统集成者这一层面，处于全球价值链次级层级的公司通过购并核心业务和剥离非核心业务而进行的整合过程和产业高度集中化过程也在高速向整个产业价值链扩展。

表 1-2　中国制造业发展规划

政策类别	政策出台日期	政策	主要内容
战略规划类	2010 年 10 月 10 日	《国务院关于加快培育和发展战略性新兴产业的决定》	规划和确定七大战略新兴产业以及发展方向
	2012 年 7 月 9 日	《"十二五"国家战略性新兴产业发展规划》	进一步更新确立十大战略新兴产业及发展目标
	2015 年 5 月 8 日	《中国制造 2025》	
	2016 年 6 月 28 日	《促进中小企业发展规划（2016—2020 年）》	鼓励中小企业走高科技路线
	2016 年 3 月 21 日	《机器人产业发展规划（2016—2020 年）》	规划机器人产业的未来发展方向
	2016 年 6 月 13 日	《京津冀产业转移指南》	规划京津冀新兴产业发展
政策支持类	2016 年 5 月 4 日	《关于软件和集成电路产业企业所得税优惠政策有关问题的通知》	对软件和集成电子等信息产业给予税收优惠
	2015 年 5 月 7 日	《关于节约能源使用新能源车船车船税优惠政策的通知》	对新能源以及高端船舶给予政策性税收优惠
	2016 年 3 月 23 日	《关于全面推开营业税改征增值税试点的通知》	全部行业实行营改增
	2015 年 10 月 23 日	《关于将国家自主创新示范区有关税收试点政策推广到全国范围实施的通知》	对自主创新高科技企业给予税收优惠
	2015 年 6 月 11 日	《国务院关于大力推进大众创业万众创新若干政策措施的意见》	鼓励公众进行技术创新

资料来源：政府网站和 wind 数据库。

相应地，中国制造业如何合理利用好国内外有利形势解决其所面临的现实问题，进而实现向全球价值链高端跃进将面临众多挑战。本书认为，核心问题是中国能否围绕制造业发展建立庞大的生产性服务业网络。一方面，生产性服务业本身具有天生为制造业服务的特性，是制造业价值链攀升强有力的支撑；另一方面，全球生产和网络化组织形式背景下能否构建强大的创新网络、金融网络、物流网络、营销网络等生产性服务业网络是制造业能否在更广阔的空间范围内拓展和整合资源的关键。尽管中国服务业总量已经有了重大发展，但生产性服务业的发展水平与发达国家相比仍然很低，且发展速度较慢，与经济增长速度很不匹配。2005—2014 年，我国生产性服务业增加值占 GDP 比重由 24.1% 上升为 29.4%，近 10 年仅增长了 5.3 个百分点，与发达国家生产性服务业占服务业比重 70% 以上，占 GDP 比重 50%

以上相比相差甚远。所以，宏观调控的首要和根本任务应是大力发展生产性服务业，构建庞大、有效的生产性服务业网络。

1.1.2 理论背景

首先，制造业价值链升级的相关研究具备成熟的理论基础。

价值链本身就是一个复杂系统，制造业价值链升级受多重因素影响，而且制造业自身又是一国经济发展的重要支撑，因此，制造业价值链升级问题一直以来都是国内外研究的焦点，以往研究已经取得一定成果。总体上涉及国际分工理论、全球价值链理论、生产性服务业对制造业价值链升级的影响等几个方面。其中，国际分工理论可以细分为产业间分工理论，产业内分工理论，产品内分工理论（垂直专业化、外包、片段化、产品内分工、价值链分离）等。这些理论为本书的进一步研究打下了坚实的基础。

其次，从产业组织模式创新角度对生产性服务业促进制造业价值链攀升的研究不足。

目前学界研究了生产性服务业促进制造业价值链内分工深化，降低交易费用等问题，不难看出，以往研究总体上是基于生产性服务业对制造业价值链的直接促进作用考虑的。但是，随着全球生产的组织细化和空间分散，生产性服务业网络的作用越发显得重要，本书认为有必要从生产性服务业网络组织模式创新视角对制造业价值链攀升的影响展开研究。

最后，生产服务业网络对制造业价值链攀升的作用机理仍处于“黑箱状态”。

从制造业企业内部分离出来的研发、制造、物流、营销等环节在全球范围内重新布局，而且每个环节随着分工的深化还会进一步被不断地“切割”，所有这些“片段”的相互联系和交织在生产性服务业的融通下，在空间范围内形成网络化形态。国内外学者对生产性服务业网络的重要性、生产性服务业网络的生成机制以及生产服务业网络与大都市区域的形成进行了一定程度的研究，但是，以往研究成果更多的是从宏观层面进行的论述，对生产性服务业网络的微观生成机制研究不足，进一步，对生产性服务业促进制造业价值链攀升的网络效应分析研究匮乏，可见，生产性服务业网络对制造业价值链攀升的作用机理仍处于“黑箱状态”。

1.2 研究问题

本书从国内外现实和理论背景出发，在梳理以往研究成果和存在的不足基础上，将中国制造业价值链攀升问题解构为现实问题、关键科学问题如下：

1.2.1 现实问题

第一，全球价值链下的全球生产网络组织形式已经成为当今世界经济增长的中长期发展框架，中国必须适应全球生产和组织的变化。

第二，中国制造业正面临向全球价值链高端攀升的现实困难，生产性服务业和制造业联动发展是中国制造业向全球价值链高端攀升的基本途径。

第三，中国服务整体规模已经超过第二产业，成为中国经济第一大产业，但生产性服务业发展本身规模和速度都处于较低水平；生产性服务业网络可以使得企业有效地链接到全球价值链上，通过网络企业可以在更广泛的空间范围内拓展资源和整合信息，最终形成从研发端到品牌销售端的系统集成创新，进而向全球价值链高端跃进。

1.2.2　关键科学问题

大力发展生产性服务业网络促进制造业价值链攀升是中国制造业转型升级的基本途径，在此基础上，待解决的科学问题为生产性服务业网络促进制造业价值链攀升的机理研究。包括：

一是研究生产性服务业网络促进制造业价值链攀升的微观机制，主要识别制造业价值链内生产性服务环节和制造环节分离与分立的动力来源，挖掘生产性服务业网络的生成，探究生产性服务业网络与专业化水平、交易效率、制度安排、产品生产率等变量的相互关系，进而明确生产性服务业网络与制造业价值链攀升的内在规律。

二是科学验证生产性服务业网络效应的存在，寻求不同维度、不同时点网络效应的变化规律。

三是评价生产性服务业网络如何促进制造业企业向价值链高端攀升的重要性，为理论分析和实证检验进一步提供现实案例支撑。

1.3　研究基本思路、方法与创新点

1.3.1　研究基本思路

随着制造业价值链各个环节分工的不断深化，致使全球生产和服务逐渐变得组织细化和空间分散，生产性服务业链接价值链各个环节并在全球范围内形成错综复杂的分工网络组织，而且处在价值链高端的领军企业极大限度地整合各种资源为己所用，其所掌控的全球价值链或全球生产网络成为未来世界经济增长的中长期发展框架。

经验表明，生产性服务业网络可以使得企业链接到全球价值链上，并通过网络在更高层次、更广范围内降低交易成本、整合资源并拓展市场，进而实现向全球价值链高端攀升或维持其“链主”地位。因此，本书认为很有必要研究生产性服务业网络促进制造业价值链攀升的作用机理。

首先，在总结以往学界研究成果，并通过初步的经验观察分析在中国制造业价值链攀升面临的产业发展现状、困难与原因基础上，提出大力发展生产服务业网络的重要意义；其次，通过分析价值链内生产性服务环节和制造环节分离与分立的动力来源、生产性服务业网络的微观生成、生产性服务业网络与制造业企业内部专业化水平、分工结构、交易效率、人均收入水平等相关变量之间的关系，探明生产性服务业网络对制造业价值攀升影响的内在规律；再次，以中国为例实证研究生产性服务业网络对制造业价值链攀升的网络效应；又次，通过案例研究分析、评价包括创新网络、金融网络、物流网络、营销网络等在内的生产性服务业网络对现实企业链接到全球生产网络并向全球价值链高端攀升具体行为表现，进一步证明了生产性服务业网络对制造业价值链攀升的重要影响；最后，得出结论并提出对政府宏观调控切实可行的政策建议。

1.3.2 主要研究方法

本书研究拟借鉴古典经济学、新古典经济学、新兴古典经济学、空间计量经济学、产业经济学、国际分工理论、全球价值链理论、社会网络理论、地理科学等学科的原理，对以往研究成果进行凝练和提升，结合国内外实际，系统地分析和论证生产性服务业网络对制造业价值链攀升的影响。主要采用的研究方法：

1. 新兴古典经济学的研究方法

主流的新古典经济学经济分析的重点是价格制度下资源配置问题，主要利用边际分析供给和需求。这种分析将消费者和厂商完全割裂，认为市场、企业和社会分工是完全外生给定的，无法有效地分析经济组织的变化。本书认为全球生产方式和产业组织形式是在不断动态变化的，即经济组织的拓扑性质是不断变化的，采用主流新古典经济学很难解释这种变化，因此，本书利用以专业化和分工为基础的新兴古典经济理论的一般均衡和超边际分析，探究生产性服务业网络促进制造业价值链攀升的微观机理。

2. 定性研究与定量研究相结合的方法

定性研究主要是指文献研究、具体案例分析与现实理论探索。通过对以往相关文献的归纳、对比和综合，形成对现有生产性服务业对制造业价值链攀升影响的认识，结合中国产业发展实际，分析历史上中国生产性服务业对制造业转型升级是如何发挥作用的，进而探讨该如何创新发展以适应国际国内经济变化。并结合具体案例来支撑本书的论点。

定量研究主要包括调查研究、统计分析、模型推演、计量分析。本书在定性研究基础上，通过调查和统计描述性分析，观察和研究国际制造业发展趋势和中国制造业价值链攀升面临的产业发展现状、困难及原因，提出大力发展生产性服务业网络促进制造业价值链攀升的重要意义。一是通过模型推演，运用新兴古典经济的一般均衡和超边际分析方法，建立制造业价值链内生分工演进模型，模型中纳入区域的外生比较优势，区域的专业化内生比较优势，以及生产性服务业。研究价值链生产性服务环节和制造环节分离与分立的动力来源、生产性服务业网络的微观生成机制、生产性服务业网络与交易效率、产品生产率、人均真实收入等变量之间相互关系，以及其制造业价值链攀升的内在规律。二是通过统计和空间计量分析相结合，进行制造业价值链定量分析，引入空间权重矩阵，研究生产性服务业网络对制造业价值链攀升的邻近距离、地理距离以及经济特征三个层面的网络效应。三是运用德尔菲法进行案例研究并结合统计分析，评价包括创新网络、物流网络、金融网络、营销网络等在内的生产性服务业网络对于制造业企业向价值链高端跃进的重要影响。

3. 实证研究与规范研究相结合的方法

本书坚持“实事求是、一切从实际出发”的原则，理论来源于中国实践，经过分析、归纳、凝练、整合后继续指导中国实践。在文献研究基础上，认真甄别适合解决本书研究问题的科学研究方法，并结合现实对模型进行修正，比如对分工演进的迂回生产模型纳入生产性服务业内生变量，对空间计量模型设定多维度的权重矩阵，并对不同时点生产性服务业网络对制造业价值链攀升的影响进行动态分析等。而且，本书对实证结果进行具有价值判断的经济分析，进而更科学、准确地提出对策建议。

1.3.3　创新点

本书在确立研究问题、内容和方法基础上，拟创新点主要有：

创新了生产性服务业对制造业作用的产业组织模式，突破传统的以分析生产性服务业对制造业价值链的直接促进作用的研究框架。本书通过以价值链分工为基础的生产性服务业网络对制造业价值链攀升影响的微观考察，结合宏观的实证检验和具体企业的案例分析，首次比较科学、系统地从组织模式变革角度研究了生产性服务业网络对制造业价值链攀升的影响机理。试图突破以往研究中单纯研究生产性服务业对制造业价值链攀升的直接促进作用的传统研究思路。

构建了生产性服务业网络促进制造业价值链攀升的分析框架。首先，识别生产性服务业网络的生成以及制造业价值链各个环节分离与分立是本书深入研究的基础。本书力争克服主流的将生产者和消费者完全隔离，忽视专业化和分工而无法分析经济组织演进的新古典经济研究局限，尝试以专业化和分工为基础的新兴古典经济理论模型来研究价值链内生产性服务环节和制造环节分离与分立的动力来源、全球经济为什么被具有生产性服务性质的企业所掌控、生产性服务业网络的生成及其对制造业价值链攀升影响的内在规律，以便更好地解释宏观经济现象。其次，从宏观层面采用空间计量分析方法，多维度、动态地研究生产性服务业网络对制造业价值链攀升的影响规律，使其在更广范围内适用。最后，通过案例研究，进一步分析制造业企业向全球价值链高端攀升的具体行为，探明创新网络、金融网络、物流网络、营销网络等生产性服务业网络在企业价值提升过程中的重要地位，有效支撑前面所述的理论分析和实证检验。

丰富了生产性服务业网络促进制造业价值链攀升的研究方法。一是运用新兴古典理论的内生分工演进的迂回生产模型，综合现实经济发展以及本书的研究问题，将生产性服务业内生，并考虑到制造业价值链各环节区位选择的内生和外生比较优势，运用一般均衡和超边际分析探究生产性服务环节和制造环节分离与分立的动力来源、生产性服务网络的微观生成机制，以及生产性服务业网络与交易效率、人均收入水平、生产率等变量的相互关系，进而识别其与制造价值链攀升的内在规律；二是针对空间计量模型，设定邻近距离、地理距离、经济特征三个维度的空间权重矩阵，并考虑到影响制造业价值链空间分布的相关因素，科学验证生产性服务业网络对制造业价值链攀升的影响规律；三是针对个别企业的案例研究，考察具体某个企业如何通过生产性服务业网络链接到全球价值链，并实现向高端攀升的行为过程，由于该问题涉及多学科交叉特点，定量分析面临可靠数据不足的缺陷而难以展开，所以，本书运用致力于定性研究的德尔菲法，来获得对生产性服务业网络作用的更加科学化和专业化的价值评估。

1.4　研究目的及意义

1.4.1　研究目的

一方面，尝试以组织模式创新的角度考察生产性服务业网络如何影响制造业价值链攀升。

毋庸置疑，过去30多年中国依靠低成本的资源、劳动力等优势在参与全球生产过程中获得了中国经济的快速增长，可以认为中国制造业通过参与全球生产网络来实现向全球价值链高端攀升是正确选择。但是，2008年世界经济危机过后，中国面临外需疲软、国内资源消耗巨大、环境污染加剧、劳动力成本大幅上升、次一级发展中国家的赶超等压力，中国制造业必须突破目前的发展模式。实践证明单纯地依靠半专业化的简单组装、制造低环节嵌入全球价值链去获得更高层次的创新发展道路是行不通的，中国制造业不但要在新技术、新设备创新发展上下功夫，更重要的是要创新发展产业组织模式，中国制造业必须利用目前全球生产网络化发展特点，独立、高效、自主构建自己的全球价值链或全球生产网络才能真正实现制造业转型升级。同时，制造业发展离不开生产性服务业的强有力的支撑，过去学界更多研究生产性服务业对制造业价值链的直接促进作用，而忽略产业组织模式创新的分析，本书试图从产业组织网络化视角探究生产性服务业促进制造业价值链攀升的新模式，弥补以往研究不足。

另一方面，探究生产性服务业网络促进制造业价值链攀升的微观机理。

从20世纪后10年开始，全球价值链或全球生产网络的研究已经成为国内外学者研究的最热门问题之一。学者们基本认同领军企业所主导的全球价值链或全球生产网络是当今世界经济的中枢神经系统，而且，这种全球生产网络是生产性服务业网络和生产网络链接而成。尽管如此，理论界和实务界对“网络”本身、网络的微观生产机制、生产性服务业网络与制造业价值链内部交易效率、生产率的提高、人均收入水平等变量关系问题还不是很清楚，有必要打开生产性服务业网络对制造业价值链攀升影响的“黑箱”。

还有，验证生产性服务业网络促进制造业价值链攀升的网络效应。

制造业价值链内部各个环节随着专业化水平的提高促使分工的不断深化，进一步价值链各个环节在生产性服务业联通过程中在全球范围内形成分工网络，在分工网络的作用下价值链内部各个环节企业通过网络组织汲取各自所需的“知识流、信息流、物流、资金流”等各种资源，在更广泛的范围内进行系统集成创新。因此，在明确生产性服务业网络对制造业价值链攀升影响的微观机理基础上升，需进一步研究生产性服务业对制造业价值链攀升的分工网络效应。目前，学界鲜有学者对该问题进行系统研究，本书尝试从不同维度、动态地分析生产服务业网络对制造业价值链攀升的网络效应。

1.4.2 研究意义

1. 实践意义

价值链升级是制造业结构调整的重要内容之一。生产性服务业是为生产其他产品或服务提供中间投入的，对企业向价值链上游攀升起到推动促进的作用，是全球产业竞争的战略制高点。全方位发展生产性服务业网络有助于国家相关政策、规划的实施。2014年8月《国务院关于加快发展生产性服务业促进产业结构调整升级的指导意见》中强调进一步加快生产性服务业发展，引导企业进一步打破“大而全”“小而全”的格局，分离和外包非核心业务，向价值链高端延伸。

20世纪90年代以来，纵向一体化产业组织形式出现纵向分离和网络化趋势，网络化逐渐发展成为一种新兴的产业组织形态，并由此产生了新的产业组织效应。从产业层面上讲，网络化的空间外部性衍生出的产业组织空间网络效应对网络内部企业价值获取、区间交易效率提高、交易成本降低、知识传递、资源整合、市场开拓、产品质量提升等方面具有显著效应，能够在制造业服务化、服务业集聚、区域经济一体化等方面开拓具有生命力的发展空间，进而实现企业加速向价值链高端演进。因此，从产业组织模式创新角度研究生产性服务业网络促进制造业价值链攀升的机理，对于中国目前通过引进“大项目、好项目”实现本土企业向全球价值链高端攀升，以及为培育国内本土企业主导的全球价值链等相关产业政策的制定提供行之有效的科学依据。

2. 理论意义

目前全球化和网络化背景下，从产业组织创新角度针对生产性服务业促进制造业价值链攀升的研究匮乏。如何实现生产性服务业组织创新来弥补制造业组织创新的不足，是学界亟待解决的重要科学问题。本书从产业组织网络创新视角研究生产性服务业促进制造业价值链攀升的作用机理，丰富和拓展了生产性服务业和价值链升级理论。

1.5　研究框架和本书结构

1.5.1　研究框架

基于本书研究的基本思路和研究问题，可以概括为按照“理论分析→实证检验→案例支撑”的逻辑框架展开研究，设计具体的研究流程如图 1 - 1 所示。

1.5.2　文章结构

围绕本书需要研究的现实问题和科学研究问题，以生产性服务业网络和制造业价值链为研究对象，主要以中国实际数据为例（研究的逻辑、方法和结论等同样适用于其他发展中国家），并结合其他不同国家和地区相对比，确定本书的主要研究内容包括七个部分，分别是：

第 1 章，绪论。首先，从现实背景和理论背景出发对生产性服务业促进制造业价值攀升的宏观实践操作和科学研究存在的现实问题进行总体描述；其次，提炼本书拟解决的关键科学问题；再次，依据研究的科学性和准确性原则，针对现实问题和关键科学问题设计本书的研究思路、方法和基本逻辑框架。最后，根据本书的问题的具体研究内容，提出本书的创新点、研究目的和意义。

第 2 章，文献综述。根据问题导向的文献研究思路，围绕以制造业价值链攀升为核心问题，以生产性服务业网络、生产性服务业促进制造业价值攀升为划分依据，进行文献归纳和总结。分别探讨以往不同研究内容中研究问题、研究方法、研究结论和研究局限等，一方面，通过系统性分析现有研究现状与研究趋势，挖掘出现有研究中需要补充的研究缝隙，指明本研究的研究思路。另一方面，整理已有文献的研究结论与研究方法，为后续的研究章节提供依据，同时为研究的开展提供了理论支持。

第 3 章，生产性服务业网络促进制造业价值链攀升的经验观察。总体上综合国内外经济发展形势基础上，分析中国制造业价值链攀升所面临的产业发展现状、困难及原因，进而提出大力发展生产性服务业网络的重要意义。

第 4 章，生产性服务业网络促进制造业价值链攀升的微观机理。主要包括探究制造业价

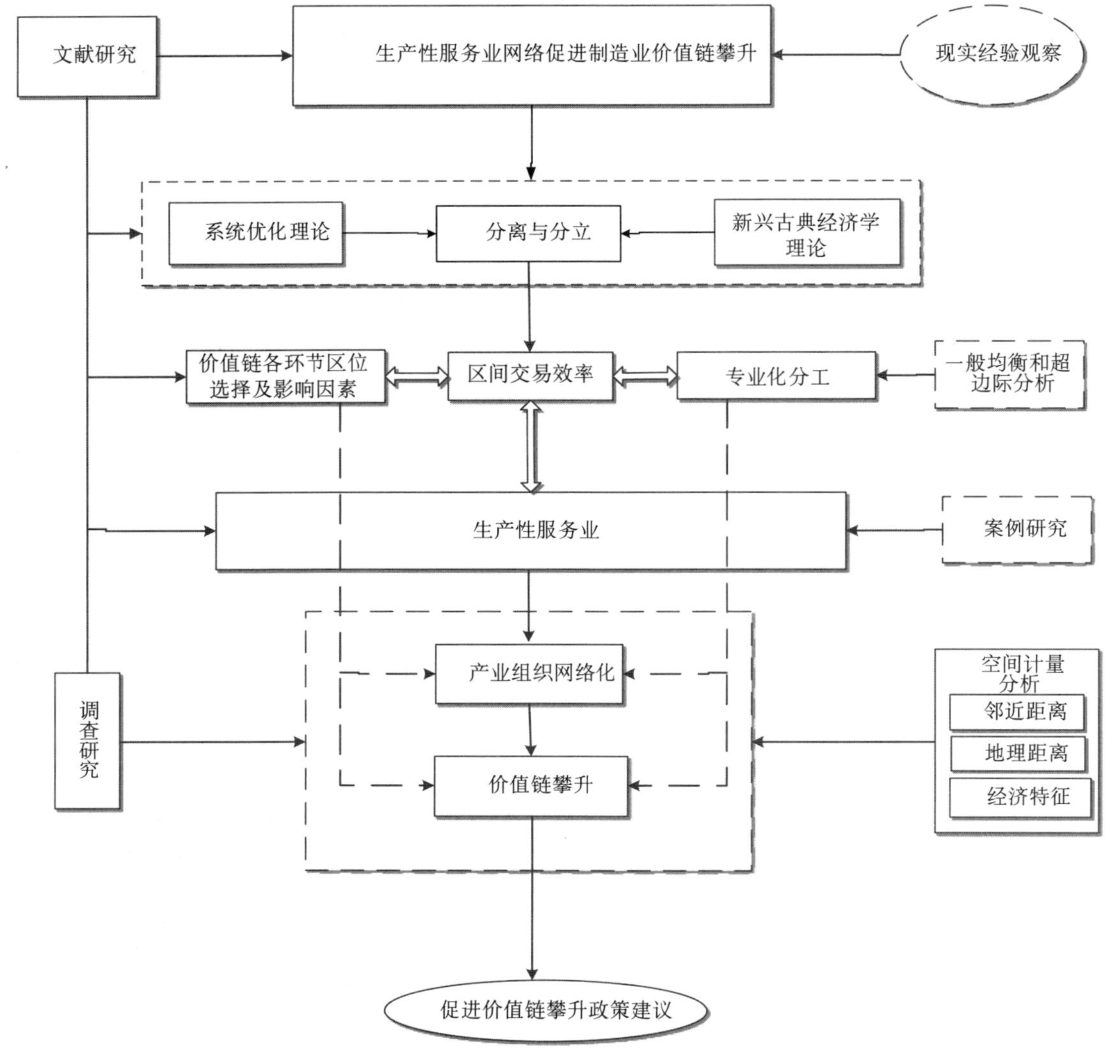

图 1-1　研究流程与技术路线

值链各个环节分离与分立的动力来源，生产性服务业网络的生成机制，识别生产性服务业网络与专业化水平、分工结构、交易效率、人均收入水平、生产率等相关变量之间相互关系，及其与制造业价值链攀升的内在规律。

第 5 章，生产性服务业网络促进制造业价值链攀升的网络效应。构建基于分工组织空间网络效应的生产性服务业促进制造业价值链攀升机制的理论模型分析框架。进一步，在研究价值链量化问题基础上，采用空间计量分析方法，实证检验生产性服务业网络对制造业价值链攀升的网络效应。具体设置空间邻近距离、地理距离，经济距离三种权重矩阵，从多个维度探讨网络效应的大小，分析不同生产性服务业网络效应的作用差异，以及不同时点网络效应的动态变化。

第 6 章，生产性服务业网络促进制造业价值链攀升的案例研究。通过具体现实企业的案例研究，进一步探讨通过构建包括创新网络、金融网络、物流网络、营销网络等生产性服务业网络，实现制造企业向全球价值链高端攀升的具体行为表现，并对生产性服务业网络的重要作用进行评价，以此来说明本书的理论分析和实证检验的科学性和合理性。

第 7 章，结论与展望。本章是对总体研究的归纳与总结。主要包括三个部分。一是研究结论。对应本书提出的研究问题，系统性阐述研究过程及研究结果，提炼出与研究问题相呼应的研究答案。二是对策建议。基于上述研究结论并结合中国产业宏观调控实际，提出基于生产性服务业网络促进制造业价值链攀升的对策建议。三是局限与展望，归纳出本研究在研究思路与研究方法层面的不足，提出针对研究不足的未来研究可拓展点，为将来的研究提供理论基础。

第2章 文献综述

生产性服务业对制造业价值链攀升发展有着重要作用，早期学界总体上研究了生产性服务业对制造业价值链攀升的直接促进作用。鉴于当今世界经济的网络化发展特点，生产性服务业网络可以使得企业有效地链接到全球价值链，进而可以极大限度地在更广泛的空间范围内汲取自身所需的各种资源进行系统整合再创新，同时生产服务业网络对于企业的品牌建设和市场开拓发挥着重要作用。那么，为了能科学地探明其作用机理，本书从生产性服务业网络的概念界定及相关理论、制造业价值链攀升的概念界定及相关理论、国际分工与全球价值链的形成、生产性服务业对制造业价值链的作用四个方面进行文献综述。

2.1 生产性服务业网络的概念界定及相关理论

2.1.1 生产性服务业的内涵

有关生产性服务业的研究从1962年Machlup提出生产性服务业的概念开始至今半个多世纪，国外学者做了开创性工作并做出了较大贡献。1962年Machlup在其《美国的知识生产和分配》一书中，从技术密集角度首次提出“生产性服务业”的概念，并认为知识性是生产性服务业的特性。Greenfield（1966）对生产性服务业的概念进行了清晰的界定，他认为生产性服务业又称作为生产者服务业，他在研究服务业及其分类中提出生产性服务业是区别于其他服务业用作最终消费的用途，是企业生产过程中用来作为中间投入的服务，并且企业可以在市场上购买生产性服务，比如金融、商务贸易、租赁等。Fucus（1968）在研究服务经济发展原因时探讨了服务业中间需求的增长是由于专业化和分工水平不断提高所引起的，他发现由于分工加深原来在生产商品企业中的服务逐渐从企业中独立出来，并发展组织成为提供专业服务的企业，如果这种原来在企业进行中间投入的服务逐步转为专门的服务企业增加，那么，对服务业的中间需求就会增加。Fucus虽然没有明确定义什么是生产性服务业，但现在看来，这种专门从事为企业提供中间投入的服务企业就是所谓的“生产性服务业”。

katouzian（1970）同样在研究服务业发展时将服务业进行了分类，包括传统服务业、新的服务业和互补性服务业，其中，互补性服务业包含零售业、交通运输业、金融业等。他分析了互补性服务业对企业的迂回生产作用，认为企业的迂回生产程度的加深，使得企业对互补性服务业的需求不断增加。可见，这在一定程度上指出了生产性服务业的本质属性。

以上是早期代表性学者的研究成果，从20世纪80年代起国内外学者对生产性服务业的研究逐渐增多，中国学者对生产性服务业的研究从20世纪90年代才开始起步，更多的是借鉴国外研究成果和利用中国的数据对中国现实问题进行分析。不同学者对生产性服务业的分类进行了不同的界定（Browing and Singlemann，1975；Marshall and Wood，1987；Markusen，1989；Francois，1990；Martinelli，1991；Muller and Zenker，2001；程大中，2008；毕斗斗，2009）等，不同国家的相关部门也根据生产性服务业的内涵以及自己本国产业发展特点对生产性服务业进行了划分，总的来说，生产性服务业一般包括设计研发、金融保险、商务服务、法律服务、咨询服务、交通运输、广告营销等，有的学者（MacPherson，1997）把医疗、教育也纳入进来。

可以看出，学者们对生产性服务业的内涵进行大量研究，学界一直认为生产性服务业被企业生产用作中间投入的服务，本人也采用这一较为宽泛的界定，而且，生产性服务业包括服务业中只要为企业生产服务的所有服务，甚至包含医疗和教育。

2.1.2 网络组织的内涵

传统的纵向一体化的科层制组织下企业生产规模的扩大和链条延长会使其在面临市场多变需求的情况下难以做出快速反应，而且，科层制组织下企业主要关注上下游垂直方向与其他企业的竞争，忽略了水平方向的企业合作和资源共享，致使交易成本不断提升。20世纪80—90年代以来，在信息技术的推动下，全球生产的网络化趋势凸显，实务界和理论界对经济网络组织都十分关注。

1937年，科斯在《企业的性质》中提出企业和市场是配置资源的两种组织形式。其中，企业是通过直接命令来分配资源，市场是依靠价格来配置资源。Richardson（1972）认为“企业——市场二分法”两种配置资源的组织制度安排，是没有考虑到企业间合作的多样性也能够配置资源的组织制度安排，他提出企业各自具有不同特性，通过组织安排可以进行合作形成优势互补。Williamson（1975）在科斯基础上建立了较“企业—市场”二分法更加详细的分析资源配置的研究框架，他从交易数量、资产排他性、不确定性三个层面分析了最优交易组织形式，暗含存在除市场和企业之外的经济组织制度安排来配置资源。Richardson和Williamson的研究为网络组织理论的提出奠定了基础。

Larsson（1993）和贾根良（1998）相继对网络组织的内涵进行了界定。Larsson（1993）把市场和企业比作“看不见的手”和“看得见的手”，同时，他把“握手”比作企业间的协调并且提出了企业网络、科层组织和市场三维的资源配置经济组织的分析框架。贾根良对网络组织的成因进行了较为详细的分析，他借用计算机网络和生理神经网络形象地提出了经济网络组织的概念，他指出网络由节点和联系构成，并认为经济行为者（节点）以及他们之间由于正式的契约或者隐含的合同的联系构成了经济网络（图2-1），并且，他提出并不是所有的联系都能构成经济网络，只有那些有形或无形的长期联系才能构成网络。

在此基础上，罗仲伟（2000），杨瑞龙和朱春燕（2004），卢福财和胡平波（2005）等学者分别从专业的资产组合、交易成本降低和网络中经济行为者的联系等经济学角度对网络的内涵进行了分析。他们主要对博弈论、信息经济学、交易费用经济学等理论开展了研究，主要观点是认为网络是专业化资产的组织，认为网络具有综合创新的特点，并且网络可以减低网络成员的交易成本和共担风险。Lawrence和Lorsch（1967），Granovetter（1983），林润辉和李维安（2000），连红日和孙绪鑫（2006）等学者指出网络组织是柔性的，并能够对市场复杂多变的需求做出快速反应的组织形式。孙国强（2001）强调了网络组织跨界整合资源的能力。Pfeffer（2003）等强调了网络组织的形成具有资源依赖性。Jarillo（1988）认为网络组织是不同类别的企业为了增强自身竞争优势而形成的联盟、合伙经营、供应链及其他合作关系。Baker（1992）从人际关系的社会网络角度界定了网络组织。

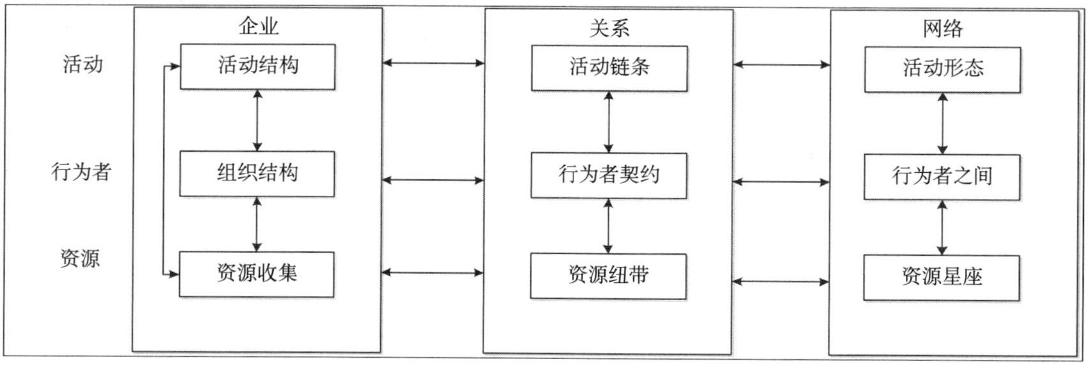

图2-1　网络组织的基本变量及构成关系

Miles和Snow（1992），Achrol（1997），罗仲伟（2000），李维安（2003），闫二旺（2006），朱礼龙和周德群（2007）等不同学者从网络中节点企业属性、节点企业重要程度、联系方式、网络组织特性等方面对网络组织的类型进行了分类研究（表2-1）。

表2-1　不同学者对网络组织的分类

学者	网络组织的类型
Miles和Snow（1992）	内部网络、稳定网络和动态网络
Achrol（1997）	内部市场网络、垂直市场网络、市场间网络和机会网络
罗仲伟（2000）	内部网络、静态网络和动态网络
李维安（2003）	联盟型网络、网络化运行全球公司、小企业网络、Web公司、虚拟组织、企业（家）协会和合作团体
闫二旺（2006）	有盟主的网络组织和无盟主的网络组织
朱礼龙、周德群（2007）	存在核心企业的网络组织和不存在核心企业的网络组织

资料来源：作者根据相关文献整理。

综合“生产性服务业”和“网络”内涵的相关文献回顾，本书将生产性服务业网络界定为为制造企业提供特定服务的生产性服务企业主体之间由于正式的契约，或非正式的合同、信任、资源消耗等形成的相互依赖、相互交互的网络组织。作者认为生产性服务业网络除了具有网络本身的特性外（例如综合创新、系统共担风险、资源配置、相互依赖、跨界整合等），更重要的是其为制造企业服务的特殊作用。针对企业生产的研发、融资、制造、供应链、销售等增值环节，本书将生产性服务业网络划分创新网络、金融网络、物流网络、营销网络等。

生产性服务业网络的主要作用表现为：一是由企业、大学、科研机构、用户、供应商等通过正式和非正式关系建立的创新网络平台，可以在全球范围内搜寻、利用高级生产要素和知识资源，形成跨部门、跨区域、跨国界的创新战略联盟，通过开展原始创新、集成创新、引进消化吸收再创新，实现由“中国制造”向“中国创造”的转变。二是企业创新的研发投入需要金融支持，过去中国企业更多的是通过银行间接融资，现代金融网络拓展了金融产业发展的深度和广度，可以在更广泛的空间范围内进行资本配置，进而满足企业的融资需求。三是物流网络是把全球范围内的商品采购、运输、仓储、加工、整理、配送、销售和信息等有机结合起来，以最低的费用和最小的风险极大限度地实现货物的时空压缩，保证流通领域中商品供求的及时对接。从而为其客户带来更多新的价值增值。四是营销网络对企业在更广泛空间内采集市场信息、拓展销售渠道、建设具有国际化品牌的产品和专业化市场等方面发挥着重要作用。一方面营销网络可以汇集供给和需求，节省交易费用，另一方面，营销网络通过企业之间的空间联动，不断调整产品定位以便适应市场需求。

2.1.3　生产性服务业网络的相关研究

学者们对生产性服务业以及其与经济社会的关系进行了大量研究，但这并不是本书研究的重点。本书主要分析生产性服务业网络的相关研究进展，但目前学界就生产性服务业网络的研究还很有限，梳理以往文献将其归纳为两类：

其中一类主要关注生产性服务业网络的属性或生成，少部分学者从价值链各个环节分裂角度尝试了对生产性服务业网络生成的研究。江小涓（2008）的研究指出生产性服务网络的重要性，一是生产性服务贸易在全球服务贸易中占比三分之二以上；二是生产性服务业往往具有高度专业化的知识密集型特点，涉及产品的开发、设计、投资咨询、市场营销等诸多领域，由于提高专业化水平需要长期的经验积累，使得其提高了准入强度；三是分工深化使得制造产品的核心、零部件生产、组装等环节在全球范围内的空间分散（图 2－2），而这些“片段”是在生产性服务业网络的作用下“联通”成整体的；四是制造企业从外部购买生产性服务可以提高效率，降低成本；五是从传统分工理论的使用性角度看，比较优势理论和要素禀赋理论适用于服务业的全球分工。

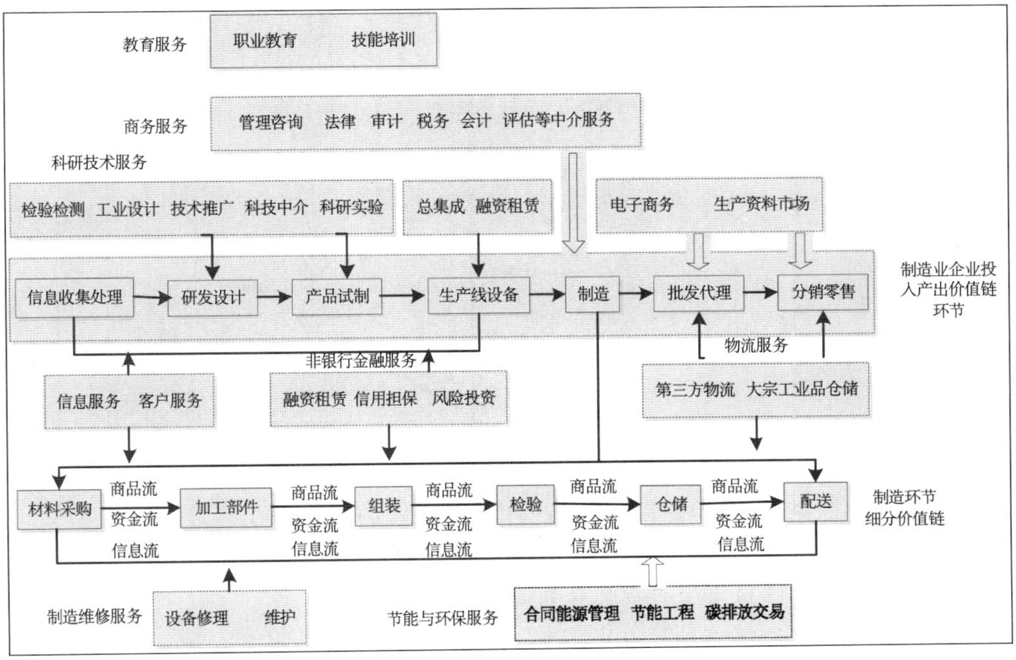

图 2－2　基于制造业价值链的生产性服务的分解

刘明宇等（2010）从企业外包行为出发探讨了生产性服务业网络的形成过程。一类是对应于企业基本活动外包的生产性服务业有助于企业实现规模经济，一类是对应于企业的支持性活动外包的生产性服务业对于企业的专业化经济的实现发挥重要作用。相应地，外包后的不同环节分别以结构性和关系型嵌入到制造业价值链中，并形成不同生产性服务业网络（图 2－3）。

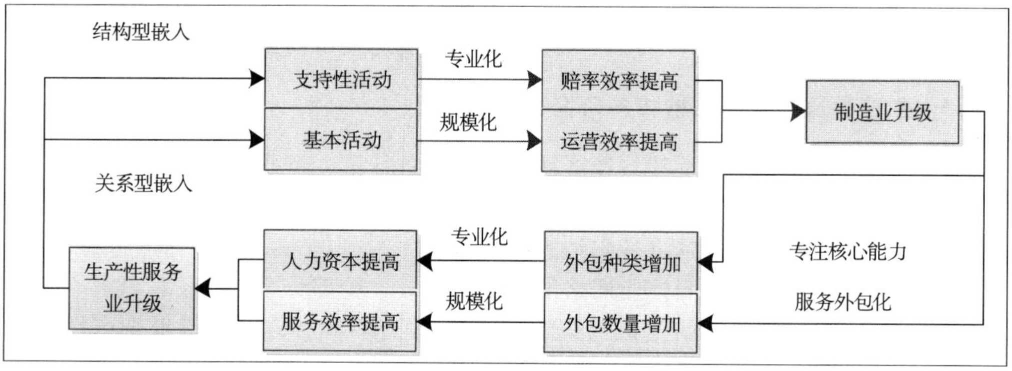

图 2－3　生产性服务业嵌入与制造业升级

赵秀丽等（2010）从资本运动视角出发分析了生产性服务业网络与全球生产网络之间“一体化—分离与分立—网络化衔接”的过程。并提出了“标准网络”的框架（图 2－4）。

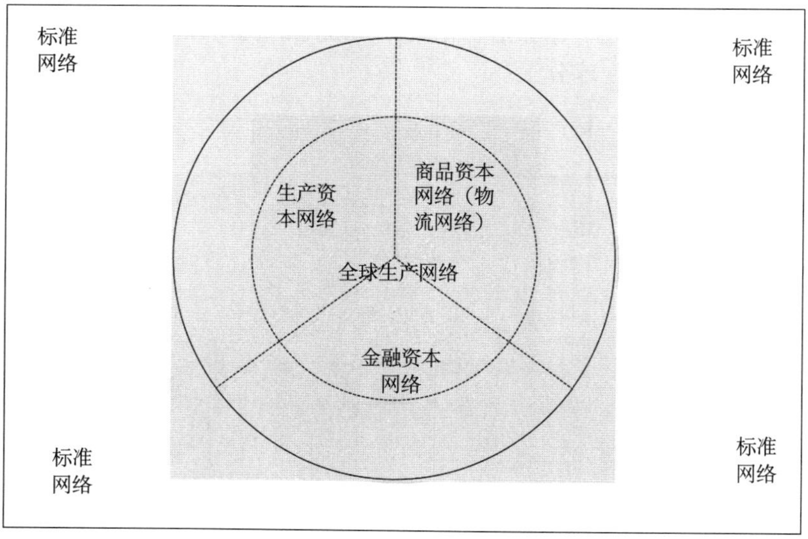

图 2－4　生产性服务业网络与生产网络嵌套

在此基础上，杨锐（2011）等指出生产性服务网络的生成源于企业的嵌入型知识的知识联结，并进一步分析了由于网络的主体属性和联结关系的不同，会形成 FDI 主导的生产性服务业网络和本地生产性服务业网络的双重结构（图 2－5）。

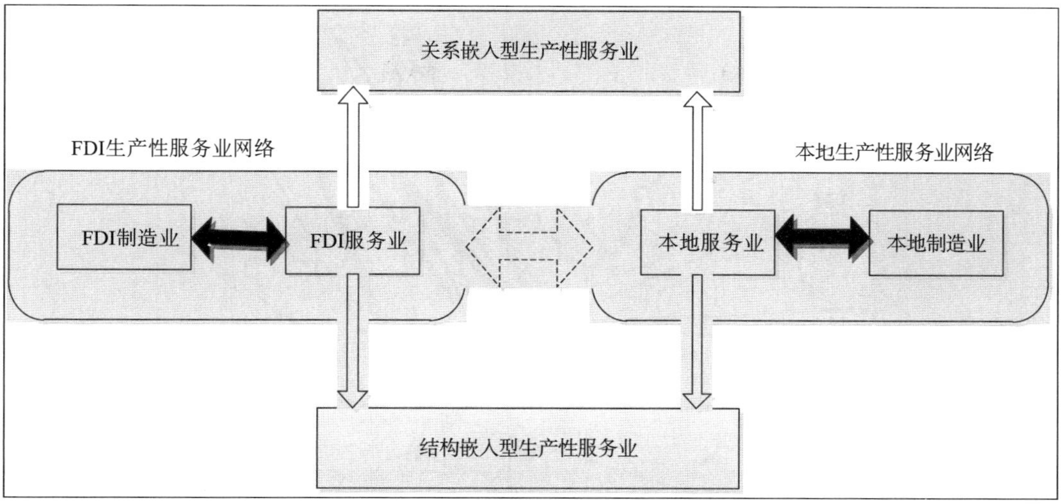

图 2-5　两个独立循环的生产性服务业网络

另一类有关生产性服务业网络的研究是其在经济地理领域的研究。生产性服务业网络问题的分析主要集中在其对地理经济方面的研究。（Taylor et al.，2001；Taylor，2002；Taylor，2004；Taylor et al.，2008；Taylor，2011；Thierstein et al.，2008；Wall et al.，2011；王聪等，2014；Zhang and Kloosterman，2014）。Castells（1996）提出我们的社会是“流动空间”，并且指出“流动空间”的一个重要驱动力是知识经济。生产性服务企业是知识经济的重要载体，具有特殊经济属性和全球战略布局的特征，是推动大城市经济增长的重要力量。

因此，对生产性服务企业的空间行为分析成为研究世界城市网络的重要切入点。以 Taylor 为代表的众多学者利用社会网络理论分析了不同种类的生产性服务业所形成的空间网络组织对大型区域（世界城市）形成的作用。Thierstein 等（2008）基于公司内部和公司间相互关联性利用连锁网络模型实证分析了高级生产性服务业企业的空间行为，以及这些行为与瑞士北部新兴大城市地区的多中心性的相关性。Wall 等（2011）通过分析 Alderson 和 Backfield 的世界城市网络研究与 Taylor 等为代表的全球和世界城市（GaWC）网络研究的关键性区别，他们使用 2005 年全球 100 强跨国公司和分布在全球 2259 个不同城市中的子公司的数据集，研究了中心城市节点和“所有产业部门”网络以及“生产性服务业”网络的连接结构，结果显示这两个网络之间存在高度相关性。

Zhang 和 Kloosterman（2016）利用连锁网络模型研究了珠江三角洲区域内部和外部服务业网络（图 2-6），分析先进生产性服务业是如何在区域空间平等，国内和全球联系方面重塑珠江三角洲的。

王聪等（2014）借鉴西方学者研究方法分析了长江三角洲地区的生产性服务业的城市网络发展特征。上述研究侧重分析网络的拓扑结构，对不同生产性服务业发挥的具体功能的理论分析不够。

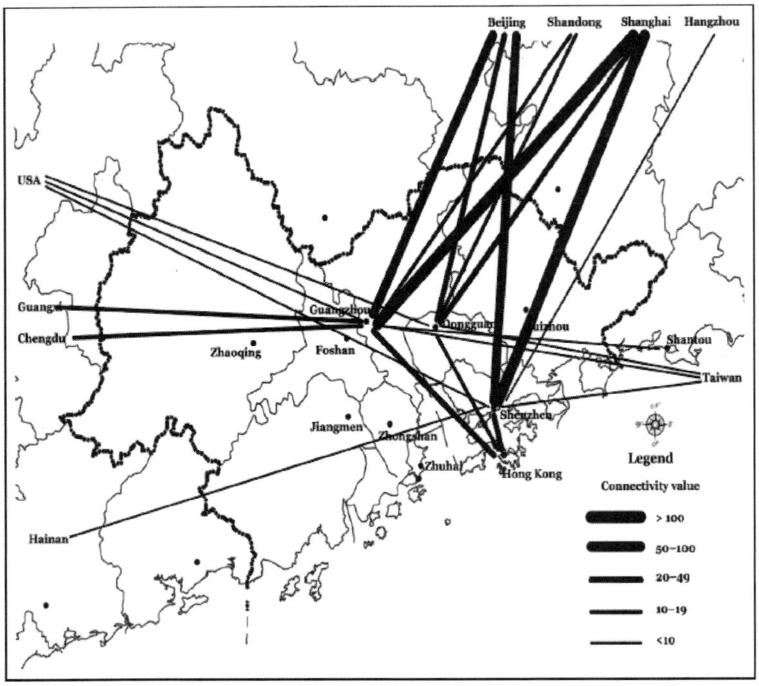

图 2－6　生产性服务业网络与珠三角经济区域的形成

从以往的研究文献来看，关于生产性服务业网络的研究存在以下不足之处：就生产性服务业网络生成机制来说，理论阐述多，实证研究匮乏；生产性服务业网络主要任务应该是为制造业提供更高层次、更广范围服务的，但是学界对这方面的研究还很不够；生产性服务业网络在地理科学方面的实证分析更多地运用社会网络分析理论，通过分析生产性服务业连锁网络的网络拓扑结构来研究巨大城市的形成，缺少多样化的定量研究。

综上，本书通过对生产性服务业的内涵和网络的内涵相关文献的梳理，界定了生产性服务业网络的内涵，通过对生产性服务业网络的研究现状归纳、整理，一方面总结以往可以借鉴的理论和方法，另一方面，挖掘出本书进一步研究的空间。

2.2　国际分工与全球价值链的形成

有关全球价值链的研究受国际分工理论（产业间分工、产业内分工到产品分工）发展的广泛影响。Marin（2006）指出国际分工本质上是指跨国的经济生产与地理上分化的劳动力之间相互依存的概念。国际分工的初衷在于通过地域差异分布的企业相互联合，构成产品生产的不同阶段，实现降低全过程成本的最终目的。在此推动下，世界不同企业在全球价值链中形成国际分工格局。

2.2.1　产业间分工

国际分工的原始概念最早可追溯至 Smith 的绝对优势理论、David Ricardo 的相对优势理论以及 Heckscher 与 Ohlin 提出的要素禀赋理论，且主要集中于产业分工（Inter－industry

Specialization）的研究（第二次世界大战之前）。Adam Smith 首先从绝对优势视角出发，倡导各国应积极考虑本国在生产方面的绝对优势，推动国际分工的进程。其后，David Ricardo 发现各国按照绝对优势进行国际分工存在局限性，指出合理的国际产业间分工应遵循“两优取其重，两劣取其轻”的原则，应考虑优势的动态性与可对比性。David Ricardo 强调，发展中国家可以凭借其相对优势领域来参与国际分工，尽管发展中国家全面落后于发达国家。Heckscher 与 Ohlin 建立的 H－O 模型则从成本资源优势的角度拓展了 Adam Smith 的绝对优势理论与 David Ricardo 的相对优势理论，认为各国应从自身的禀赋优势出发选择其在国际分工的地位与位置。

同时，与产业间国际分工理论同时发展的经典贸易理论强调了产业间分工，并专注于解释南北（发达国家和发展中国家）贸易中国际分工的特征与设计。对于南北贸易中的分工特点，学者们对其进行了两点总结：其一，学者们利用高度分散型数据证实了行业间强鲁棒性的南北分工模式（Cramer，1999；Schott，2004；Bernard，Jensen and Schott，2006）。其二，指出国家 GDP 头寸越高，贸易越紧张。换言之，发达国家的“出口－GDP”比率相对高于发展中国家（Nunn，2007；Waugh，2010；Fieler，2011），发达国家相比发展中国家总体在国际分工中处于高位。经研究表明，对于国际分工而言，发达国家与发展中国家的不平等关系体现在发达国家注重当时的高技术功能产业，而欠发达国家依赖于材料与低技术劳动密集型产业。

不难看出，从价值链层面来分析的话，产业间国际分工可以看成是不同类别的产业价值链之间的分工。

2.2.2 产业内分工

第二次世界大战之后，产业内国际分工（Intra－industry Specialization）逐渐增加并逐渐成为国际分工理论研究的主要对象。其原因是在航空航天、高分子、化学、信息等新兴产业不断出现的背景下，不同类型的劳动力决定了一个国家财富积累的效率与效果。在当今资本自由市场体系内，劳动分工的重要性更加体现为人们需要从事其擅长的领域才可在竞争中得以生存（Smith，1776）。尤其在全球化不断加速的进程中，劳动分工范围已扩展至全球化市场（Stigler，1951；Pritchett，1997；Hidalgo et al.，2007；Hidalgo and Hausmann，2009）。

产业内分工源于以 Krugman 为首的多数学者对新贸易理论的研究。19 世纪 70 年代以来，国际分工开始向以北北（发达国家之间）贸易的分工模式倾斜，新贸易理论由此诞生，其用以解释北北分工的突出特点。Verdoom（1960）首先发现了在同标准国际贸易分类产业内贸易量持续增长的现象。此后，Balassa（1963）对这一研究发现给予了欧洲贸易市场案例的补充。Grubel 和 Lloyd（1975）也提出了将产业内分工划分为纵向分工与横向分工二维分类的概念，并且该种分类已被学者们普遍接受。随着实践的探索及理论的延伸，Krugman（1981）构建了产业内分工的理论模型。最近的研究显示，南北（发达国家与发展中国家）分工、北北（发达国家之间）分工甚至是南南分工（发展中国家之间）已经开始向具有平等关系方向转变（Krugman，2009；Hanson，2012）。

纵观产业内国际分工的发展史，发达国家得益于国际分工中发展中国家的低工资，因为发展中国家向发达国家提供低成本的生产要素，其经济分割常受到发达国家的直接或间接控制（Dixit and Stiglitz，1977；Lipietz，1983）。此外，由于发展中国家及地区依附于发达国家的发展而非当地经济发展，且利润多回流至发达国家阻碍了发展中国家的资本积累，因此发展中国家无法对全球的经济发展给予及时响应。（Chase - Dunn，1975；Dixon and Boswell，1996）。前社会主义国家与东南亚国家经历了一些巨大的国际劳动分工变革是对上述论点的证明（Auty，2009；Van Hamme and Pion，2012）。

在产业内分工的过程中，中国生产型行业的分工也更为细化，但多数仍停留在劳动密集型的领域范畴内。可以认为，国际产业内分工的核心 - 边缘关系特征虽然在不断变化，但仍保持着不平衡的基本属性（Stokes and Jaffee，1982；Cramer，1999）。但部分国家已经投身于国际分工的浪潮之中，涉猎劳动密集型产品及低技术产品生产等领域（Sarkar，2001）。少数发展中国家在国际劳动分工中的特殊地位愈加凸显，开始从劳动密集型产品生产向价值链更高层次部分转变，韩国、巴西及西班牙则为其中的代表。与此同时，发达国家在高科技领域、创新领域几近垄断，掌握着产品生产及定价权力，部分发达国家在国际劳动分工中的位置也在发生变化，包括美国及英国在内的发达国家的生产制造类产业分工开始向集中化转变，而技术类产业的分工则更为精细。

可以认为，如果从价值链层面来看，产业内分工包括两种类型：一类是相同产业中互不相同产品的价值链之间的分工（水平型）；另一类是同种产品价值链下游和上游不同增值环节的分工（垂直型）。而且，后者已经部分具有产品内分工的特点。

2.2.3 产品内分工

20 世纪 70—80 年代以后，跨国企业通过异质价值链组织生产并打通全球市场形成了新型的国际分工（vertical specialization）。Arndt（1998）将其命名为产品内分工（Intra - product Specialization）。产品内分工是与纵向一体化相反的概念，用以描述原来由一家企业完成的制造流程转变为由多家企业共同完成的新的分工形式。产品内分工主要指在同一产品内不同生产阶段的国际分工。这一分工并非跨国公司的专利，同时适用于全球化市场的企业。由 Hummels，Ishii and Yi（2001）提出的产品分工指数为度量产品内分工水平提供了依据。至此，该研究开启了学者们对诸多国家产品内分工深度研究与分析的肇端。这一理论同时也表明全球价值链将成为国际分工理论的研究主线。Liu 和 Chen（2007）利用非竞争性输入 - 输出表格法测度了中国出口 41 个领域的国内总值增加（domestic total value added，TVA）。Ping（2005）的研究团队计算了中美间的纵向分工系数。

19 世纪后期，产业间与产业内的国际劳动分工格局逐渐被产品内的国际分工所取代（Fröbel et al.，1980）。产品内国际分工的平稳扩张促使大量工业商品的生产初始段从发达国家向欠发达国家转移与迁徙（Nash and Fernandez - Kelly，1983；Bonacich，1994；Baldone et al.，2007）。其表现为：制造类产业分布于发展中国家，用以支持全球市场的生产需求；生产过程的子类分工更进一步细化；生产的地区化更类似于产品分类而非分工；产品内国际化分工通过地域分离分割产品生产的不同阶段，从而达到降低产品成本的目的。随着东部国家的逐渐壮大，以欧洲为代表的西部国家开始重组其国际价值链。同时，新型国际分工推动一些国家和地区经历了高速的经济发展。最突出的典型是被誉为“亚洲四小龙”的中国香港、韩国、新加坡及中国台湾（Hamilton，1983；Appelbaum and Henderson，1992）。当时，它们通过占领轻工业产品与高科技产品的分工前端获得了经济的高速增长。

可见，从价值链视角来看，产品内分工同样涉及两种情况：一种是同种产品价值链下游和上游不同增值环节的分工（垂直型）；另一种是针对相同产品价值链内具有相近技术复杂程度的不同生产工序的分工。

综上所述，国际分工在推动全球价值链的形成与演化过程中起到了重要作用，历经了国际产业间分工、国际产业内分工及国际产品内分工三个阶段。国际贸易成本的降低是刺激国际分工与空间分离的重要因素，可通过转变部门结构、加强学习效应或改变贸易条款有效提升生产要素的多样性和生产率水平（Dennis，1993；Grossman and Helpman，1993；Copeland and Taylor，1999）。此外，不断增长的国际能源价格也是进一步推进全球分工的动力（Mulder，2015）。这也可以解释跨国能源动态化生产下全球价值链组织结构改变的重要原因。由此可见，将国际分工作为关键要素嵌入至全球价值链研究中具有充分的必要性及扎实的理论研究基础。

2.3 制造业价值链攀升内涵的界定及相关理论

2.3.1 全球价值链升级的相关研究

自从20世纪90年代早期开始以来，对于全球价值链和全球生产网络的持续性的学术研究得到了广泛的传播和采用（Bair，2008，2009；Hess and Yeung，2006；Coe et al.，2008；Coe，2004，2012；Parrilli et al.，2013）。在全球价值链研究中，带头的学者如Gereffi（1994）和Humphrey（1995），在20世纪90年代初期几年里开始了开创性工作，后来其他的学者也加入了进来（Bair and Gereffi，2001；Gibbon，2001；Humphrey and Schmitz，2002；Sturgeon，2002；Gereffi et al.，2005）。21世纪早期，全球价值链的研究和经济地理学家的曼彻斯特学派紧密联系在了一起（Dicken et al.，2007；Henderson et al.，2002；Coe et al.，2004，2008；Yeung，2005，2009）。全球价值链升级主要涉及动力、治理和路径三个方面。就动力而言（Gereffi，1994，1996，1999；Gereffi and Korzeniewicz，1994；Gereffi and Pan，1994；Gereffi et al.，2001），学者们主要围绕生产者驱动和消费者驱动两种驱动方式对不同产业展开研究。针对治理方面（Gereffi，1994；Gereffi et al.，2005；Sturgeon et al.，2002；Dicken et al.，2007；Henderson et al.，2002；Yeung，2005），主要针对不同区域和不同行业全球价值链由谁来主导，以及市场型、科层制、关系网络型、模块型等治理类型开展研究。对升级路径选择问题（Humphrey and Schmitz，2002；Smith et al.，2002；Coe et al.，2004；Yeung，2009；MacKinnon，2012），主要就产品升级、工艺升级、功能升级、链升级等路径选择对不同地区和产业进行了大量研究。

国内学者主要借鉴国外学界的研究成果开展了全球价值链下中国产业升级问题的研究。主要研究成果可以归纳为，一是运用案例研究方法，从全球价值链的动力机制、治理模式、嵌入方式等方面分析中国地方产业集群在全球价值链中的升级路径。二是重点分析全球价值链中国内企业升级的制约因素及突破路径。陈爱贞等（2008）对全球价值链中国内制造业自主创新的制约因素及其应对措施的分析等。以刘志彪和张杰（2009），贾根良和刘书瀚（2012），孙建波和张志鹏（2011）为代表的学者，主要观点为中国只有依托巨大的国内市场，形成国家价值链，才能够顺利跨越中等收入陷阱，中国制造企业才能从全球价值链中的被“俘获”与“压榨”地位中突围；以生产性服务业为龙头，构建独立自主的制造业国家价值链，是中国制造业转型升级的根本措施。

综合以上关于全球价值链升级问题的相关研究，本书将制造业价值链攀升界定为：制造业价值链攀升主要指企业（一国或地区）由原来从事价值链低端的附加值生产活动上升为价值链高端的高附加值生产活动。那么，从全球价值链的角度来看，指的是企业（一国或地区）需要链接到全球价值链，通过全球价值链汲取自身所需的各种资源并开拓市场，进而增强竞争优势而获得竞争优势。

2.3.2 制造业价值链空间分布问题的相关研究

产业组织网络化趋势下，探讨制造业价值链空间分布逻辑问题是研究制造业价值链攀升问题的前提，价值链各环节空间分布逻辑问题主要涉及两个方面（李晓华，2005；张松林和武鹏，2012）：一是价值链各环节空间裂解何以实现；二是裂解后各环节如何进行区位选择。

对于空间裂解问题，已有部分学者基于新兴古典理论的内生分工模型探索了价值链各环节的分离（Cheng and Zhang，2006；庞春，2010；张松林和武鹏，2012）。但并没有把生产性服务业纳入分析框架，忽略了其对于价值链各环节区间交易效率提升的重要影响。

对于区位选择问题，从 Dunning（1994）开始，关于跨国公司区位选择问题的研究逐渐深入和延伸。Hall 和 Jones（1999），Gallup 等（1999），Porter 等（2005），徐康宁和陈健（2008）等更多的是把企业作为整体考虑来研究其区位选择的影响因素的。

Birkinshaw 等（2005），徐康宁和陈健（2008）在一定程度上进行了尝试，Birkinshaw 等（2005）研究了跨国公司总部全球分布的决定因素，把总部细分为运营总部和管理总部，实证分析了 125 家跨国公司运营总部和 35 家跨国公司管理总部在全球的分布状况及其影响因素。徐康宁和陈健（2008）以中国为例研究了制造类、研发类、营运类跨国公司价值链区位分布的主要决定因素。但没有重点考察生产性服务业在制造业价值链区位选择上的重要影响。

不难看出，虽然现有的文献对价值链空间分布逻辑问题进行了一定研究，但是都没有把生产性服务业作为关键因素来考虑。制造业价值链各环节分离的前提是区间交易效率必须达到一定临界值（张松林和武鹏，2012），而生产性服务业是提高价值链各环节区间交易效率、降低交易成本的关键。并且生产性服务业的发展是动态变化的，考虑生产性服务业能够真实的揭示出我国制造业价值链空间裂解的动态过程。此外，生产性服务业也是影响价值链各环节区位选择的关键因素，能够解释价值链各个环节为何对特定空间存在依赖性。因此，本书将生产性服务业作为实际的因素纳入到基于新兴古典理论的价值链内生分工模型分析框架中，探讨价值链空间分布的逻辑问题。

2.4 生产性服务业对制造业价值链的作用

关于生产性服务业促进制造业价值链攀升的研究是目前学界研究的热点，取得的成果还很有限，学者们总体上从三个方面展开研究：一是针对生产性服务业深化制造业价值链内专业化分工问题的研究（Francois，1990；Francoisa and Woerz，2008；Fernandes and Paunov，2008；顾乃华，2010；刘明宇等，2010）；二是针对降低制造业价值链内生产成本和交易成本的研究（Eswaran and Kotwal，2002；Andersson，2008；黄莉芳等，2013）；三是针对生产性服务业促进制造业价值链内的集成创新的研究（Diez，2000；Ulaga and Reinartz，2011；Leiponen，2012；Contreras，2012）。

总体来看，上述文献更多地集中论证了生产性服务业对制造业价值的直接作用效果，而没有意识到其组织变革的重要作用。其实，生产性服务业产业组织创新更容易在产业内和产业间扩散，可以有效弥补制造业组织创新的不足。因此，有必要从产业组织创新视角研究生产性服务业对制造业价值链攀升的影响。

2.5　本章小结

综合以往相关文献的成果和不足之处，本书科学地确定了研究问题和研究空间。首先，通过对生产性服务业内涵和网络内涵相关文献的回顾，试图科学界定本书的主要研究对象，即生产性服务业网络的内涵，通过梳理以往学界关于生产性服务业网络的相关文献，探明了以往学者更多关注了其在经济地理方面的作用，而针对生产性服务业网络与制造业价值链攀升问题的研究匮乏，而且对生产性服务网络的实证分析主要利用社会网络分析网络的拓扑结构，缺少多样化的定量研究；其次，通过对国际分工与全球价值链的形成，整理出全球价值链这一分析工具的理论来源，为本书的后续研究奠定了坚实的理论基础。再次，通过对制造业价值链攀升的内涵及相关理论的梳理，同样为本书界定制造业价值链攀升的内涵提供了理论参考，而且发现以往学者对制造业价值攀升的研究过多地集中在价值链的动力、治理及产业升级本身，而忽略了系统性论述如何嵌入全球价值链或全球生产网络，并对链接后如何发展问题的研究不足。还有，通过对价值链空间分布相关文献的归纳总结，获得了本书理论分析建模的研究思路。最后，通过对生产性服务业对制造业价值链作用的相关研究梳理，发现以往的研究主要探讨了生产性服务业对制造业价值链的直接促进作用，忽略了从组织创新视角的研究。

鉴于此，本书从产业组织模式创新视角研究生产性服务业网络对制造业价值链攀升问题是科学、合理并有研究价值的。

第3章　生产性服务业网络促进制造业价值链攀升的经验观察

3.1　问题的提出

制造业价值链自身属于复杂巨系统，价值链攀升不但与企业（国家或地区）内在条件有关，而且受外部环境的影响。生产性服务业网络不但对价值链攀升本身发挥作用，而且可以优化价值链攀升的外部环境。本章通过初步的现实经验观察并分析中国制造业价值链攀升面临的产业发展现状、困难及原因，总体上提出研究和发展生产性服务业网络的必要性。

从2012—2015年中国GDP增速分别为7.7%、7.7%、7.3%、6.9%，中国经济已经进入中高速增长阶段。当前中国经济面临潜在的经济下行、结构失调、创新驱动受到抑制、产能过剩、动力衰减等一系列问题。在这种状态下中国经济表面上看是减速换挡，实质是在结构调整中重塑增长动力的过程。从产业发展角度来看，过去近20年中国经济平均增速10%左右的增长奇迹主要来自于以低端制造业全球化为特点的外向型经济。然而，进入中高速增长阶段，中国制造业要素成本上升及海外市场萎缩，使得原有的外向型经济红利逐渐消失，中国传统产业发展动力衰减。与此同时，中国服务业的发展提速，具有巨大的发展空间和潜力。宏观调控的根本和首要任务是重塑经济增长动力。借助制造业转型升级和发展战略性新兴产业契机，大力发展包括创新网络、金融网络、物流网络和营销网络在内的生产性服务业网络，形成内生性增长机制，提高制度效率，“引进来”与“走出去”相结合，在全球范围内整合资源与开拓市场，向全球价值链高端跃进。

3.2　中国制造业价值链攀升面临的产业发展现状

（1）二产增速放缓，三产增速加快，产业结构不断优化。如图3-1所示，2012—2015年，第二产业增加值平均增速为5.30%，第三产业平均增速为12.3%，第二产业增速放缓，第三产业进入加速发展期。2012年，服务业增加值在国内生产总值中的比重为45.5%，首次超过第二产业，成为为国民经济第一大产业。2015年，服务业增加值比重上升至50.5%，服务业已擎起国民经济半边天。与此同时，产业结构由原来的“二三一”开始变成为“三二一”。

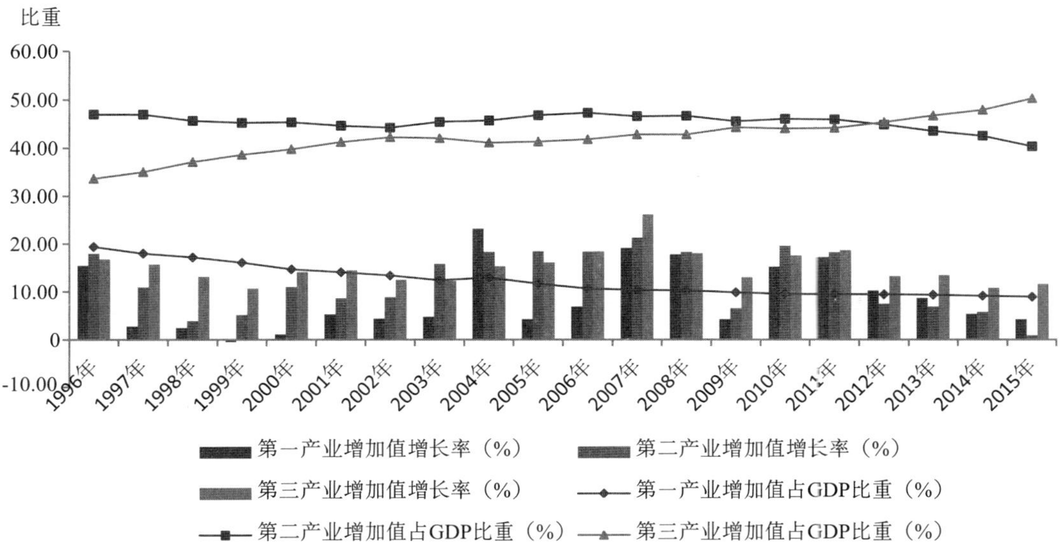

图 3－1　1995—2015 年中国三次产业构成及三次产业增长率

数据来源：国家统计局。

（2）以低端制造业为主的外向型经济红利逐渐消失。如图 3－2 所示，2006 年，中国经济对外依存度高达 65%，其中出口依存度 36%，工业制成品出口依存度达 27%，中国 GDP 增速为 12.7%，到 2015 年，对外依存度降至 36.33%，出口依存度降至 20.89%，工业制造品出口依存度降至 19.92%，中国 GDP 增速为 6.9%，可见，中国 GDP 的增速与中国对外贸易依存度具有高度相关性。由于目前中国制造业增加值占工业比重为 70% 以上，占 GDP 比重为 30% 以上，所以过去中国两位数经济增长奇迹很大程度上来自低端制造业进出口贸易的大幅增长，相应地，目前中国低端制造业出口增速的大幅减少致使中国外向型经济红利逐渐消失。其中，2015 年，塑料制品累计出口 378.01 亿美元，同比增长 2%，较 2014 年同期下降 3.1 个百分点；纺织纺纱、织物及制品累计出口 1095.2 亿美元，同比增长 －2.3%，较 2014 年同期下降 7.2 个百分点；服装及衣着附件累计出口 1743.3 亿美元，同比增长 －6.4%；较 2014 年同期下降 11.6 个百分点；鞋类累计出口 535.5 亿美元，同比增长 －4.8%。较 2014 年同期下降 15.6 个百分点①。

（3）一般制造业存在严重的产能过剩。国际普遍认为平板玻璃的合理产能利用率应为 90% 左右，水泥、钢铁、电解铝等行业一般为 80%—85% 左右，中国一般制造业产能利用率明显低于国际一般水平。据各行业协会不完全统计，2015 年我国钢铁产能近 12 亿吨，而同年国内钢材市场需求量仅为 7 亿吨，产能利用率不足 67%，比 2012 年下降 5%；2015 年水泥实际总产能达到 33 亿吨，水泥产量 23 亿吨，产能利用率为 69.9%，比 2012 年下降 3.8%；2015 年电解铝产量为 3100 万吨，产能 4000 万吨，产能利用率为 77.5%，比 2012 年提高 1.5%；2015 年平板玻璃行业的产能 10.82 亿重量箱，产量 7.45 亿重量箱，平均产

① 相关数据来源于中国海关，并计算整理得。

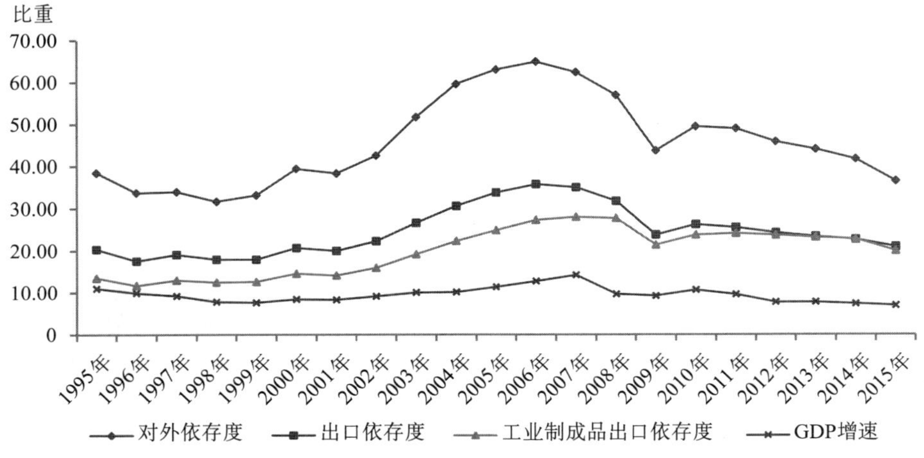

图 3－2　1995—2015 年 GDP 增速与对外贸易依存度

数据来源：中国海关

能利用率为 68.9%，比 2012 年下降 4.2%；2015 船舶行业产能约 1 亿载重吨，完工量不到 5000 万载重吨，产能利用率不足 50%，比 2012 年下降 25.1%[①]。

（4）服务业规模明显加大，服务业中新兴产业成长迅速。2015 年，我国服务业增加值 341567 亿元，服务业增加值比重上升至 50.5%，比 2012 年增加 5 个百分点，服务进出口额达到 7130 亿美元，服务贸易世界排名第二。2015 年，信息传输软件和信息技术服务业、文化体育和娱乐业、金融业分别新增企业 24 万户、10.4 万户、7.3 万户，分别增长 63.9%、58.5%、60.7%。2015 年，规模以上服务业企业中“互联网和相关服务业”营业收入增长 25.0%；邮政业务总量增速 37.4%；金融业增加值增长 15.9%；全国铁路营业里程、高速铁路里程、公路通车里程、高速公路里程分别达到 12 万公里、1.9 万公里、457 万公里、12 万公里，分别比 2012 年末增长 23.0%、103.1%、7.8%、24.7%，其中高铁里程占世界高铁总里程的 60% 以上，居世界第一；全年国内游客突破 40 亿人次，国内旅游收入超过 3 万亿元，国际旅游收入 1137 亿美元，增长 7.8%[②]。

（5）服务业整体水平、生产性服务业水平仍处于相对落后状态，发展空间和潜力巨大。尽管中国服务业水平与原来相比有了较大幅度提高，但与世界平均水平相比还有很大差距。如图 3－3 所示，2013 年世界服务业产出占 GDP 比重为 70.5%，高收入国家达 73.9%，中低收入、中等收入、中上等收入国家服务业发展水均超过 2015 年中国服务业产出占 GDP 比重为 50.5% 的水平。相应地，中国生产性服务业发展水平同样相对滞后，且发展速度较慢，与中国经济增长速度很不匹配。2005—2014 年，中国生产性服务业增加值占 GDP 比重由 24.1% 上升为 29.4%，近 10 年仅增长了 5.3 个百分点，与发达国家生产性服务业占服务业比重 70% 以上，占 GDP 比重 50% 以上相比相差甚远。因此，中国与世界及其他多数国家相

① 相关数据来源于国家发改委、国家统计局、wind 数据库等。
② 相关数据来源于国家统计局。

比服务业发展仍处于相对落后状态，存在广阔的发展空间①。

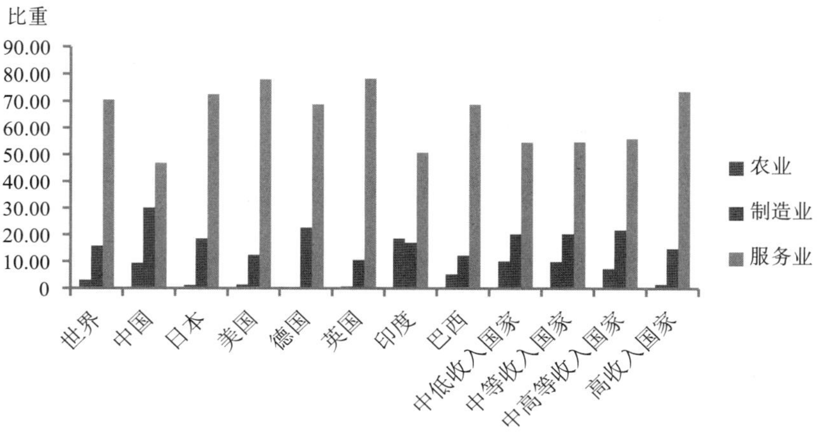

图 3-3　2013 年各部门产出占 GDP 比重（%）

数据来源：世界银行。

3.3　中国制造业价值链攀升困难及原因

（1）全球经济增长放缓致使我国外部需求增速放缓。2014 年世界和高收入国家 GDP 增长分别为 2.5% 和 1.7%，比 2010 年下降 1.6 和 1.3 个百分点。全球经济放缓致使中国外部需求急剧萎缩。改革开放后，截至 2008 年世界金融危机，中国出口额年平均增速为 18.1%，2009 年，中国出口额为 12016.12 亿美元，同比增速为 -16%，2015 年出口额为 22748.5 亿美元，同比增速 -2.9%，2009—2015 年，出口额年平均增速仅为 7.7%，出口增速明显放缓。同时，以美国为首的西方发达国家实施以制造业回归为目标的"再工业化"战略，制定诸如 TPP、TTIP 等以排斥中国加入为目的多种贸易投资协定，使得中国以低端制造业产品出口为导向的外向型经济战略难以为继，迫切需要尽快寻找、启动和利用新一轮可持续经济增长动力②。

（2）以要素成本不断上升为主的多种不利因素严重制约外贸企业发展。过去中国以从事低附加值、劳动密集型产业作为比较优势参与国际竞争。但长期以来，中国的这种竞争优势平台没有随着世界经济发展而逐步提高，主要表现为劳动生产率的提升速度跟不上要素成本的上升速度。2014 年，中国城镇单位就业人员平均年工资为 56360 元，比 2009 年增加 74.8%，中国有 50% 以上是以进料加工为主的加工贸易，要素成本的上升使该模式受到严重威胁。此外，其他发展中国家逐步占领低成本的市场优势、频繁的汇率波动，以及高污染、高消耗所带来的环境和资源压力等因素，迫使中国众多中国制造业企业纷纷宣布破产，导致中国产业竞争力衰减。

（3）长期处于全球价值链低端致使我国创新驱动受到抑制。中国制造业处于"微笑曲

① 相关数据来源于世界银行和国家统计局，并计算得。

② 相关数据来源于国家统计局、世界银行。

线”底部，只能获得很少的加工、组装费用。虽然这是多数国家发展早期必须付出的学习成本，但它从一开始就让中国企业失去了自主创新的欲望和动力。历史经验表明，一旦进入这一体系，很难实现价值链自动升级，例如南亚的巴基斯坦、斯里兰卡和孟加拉等国多年来“沉迷”在全球价值链的低端环节，难以实现产业升级。

（4）以发展低端制造业为主的大量密集资本投入造成实体经济与虚拟经济失衡。结构性问题是中国产业发展动力衰减的重要影响因素或直接原因。由于中国长期通过大量密集的资本投入过度发展低端制造业，而且缺少与国际跨国公司讨价还价的市场势力，经济社会呈现出产能过剩、负债率高、房价过高、增长放缓等问题，其实质是中国经济结构性问题再也无法掩盖，突出表现为实体经济与虚拟经济严重失衡。

一方面，实体经济不实，相比资本市场而言，实体经济泡沫更大。主要表现为，一是制造业产能严重过剩，事实上，多数制造业企业技术落后、创新能力差，顶着高新技术产业的“头衔”，做的却是低效率的制造业产品，在产能过剩及要素成本上升的压力下，只是在政府的救济下活着，其实早就该破产、倒闭。而政府通过“强刺激”政策用新的泡沫掩盖原来的泡沫，使泡沫越来越大，导致效益高的公司也无法正常经营。二是实体经济产能过剩对应的是信贷活动的泡沫。因为过剩产能需要信贷杠杆来实现，如果一旦销售堵塞达到一定程度就会引起信贷危机。1929—1933 年世界经济危机就是由实体经济泡沫导致。

另一方面，虚拟经济过度膨胀，为实体经济服务的比重过低。一是利率、汇率偏高导致实体企业贷不到款，出口企业大面积亏损倒闭。二是以房地产为主体的资产价格泡沫太大，其吸收了全社会的资源，并不断拉高 M2 和利率水平，是扩大内需战略受到抑制和制造业陷入困境的重要原因。三是债务率高，据统计银行体系坏账约 8 万亿元，地方政府在 4 万亿元刺激后积累的债务约 20 万亿元，而且就债务结构来讲，负债资产很多是回报率低的公共基础设施项目，而抵押物多数是价格虚高的土地资产，这种负债结构可能导致系统性风险①。

（5）本地化和封闭化发展致使中国生产性服务业发展相对滞后。生产性服务业发展滞后严重阻碍中国经济转型升级。中国生产性服务业发展低于世界平均水平很大程度上与服务业长期本地化和封闭化发展密切相关。

一方面，改革开放以来中国生产性服务业的发展过分集聚在经济发达的珠三角、长三角及环渤海地区，而中、西部很多地区的生产性服务业集聚度很弱，本地化发展特点突出，如果中国经济发达地区的生产性服务业不能通过网络化向经济欠发达地区扩散，中、西地区工业发展将得不到高端生产性服务业的支撑，势必影响中国经济转型升级全局。

另一方面，封闭化不利于中国生产性服务业快速发展。具体表现为：一是中国大型国有企业封闭式垄断经营阻碍了生产性服务业的发展。相比制造业而言，中国服务业市场开放程度远远不够，像金融、通信、教育、医疗、养老等行业社会需求迫切，但社会资本还没有成为市场发展的主体，这种封闭化垄断不但减少市场机会，而且造成不公平竞争、服务价格扭曲以及服务效率低下。从服务贸易角度来看，中国目前服务贸易占总贸易比重为 12.3%，不仅低于世界 22.3% 的平均水平，而且低于金砖四国的水平。进一步，服务贸易逆差严重且呈逐年递增趋势，如表 3-1 所示，2014 年服务贸易逆差为 1599 亿美元，比 2013 年增加

---

① 相关数据来源于 wind 数据库。

35%。生产性服务业中运输、旅游、通信、保险、专利权利使用费和特许费都存在较大程度的逆差，说明中国目前整体服务业水平较低，很多先进技术还依赖进口。二是中国长期的低端制造使得与之配套的生产性服务业也呈低水平发展，而且，两者正面临陷入潜在的内部低端锁定循环状态。三是国际跨国公司之间相互提供服务形成外部封闭循环。因为中国生产性服务业水平低，以及跨国公司想获得高附加值利润，进而国际跨国企业自己或者跨国企业之间寻求高端生产性服务，牢牢掌控全球价值链的研发、设计、销售等高利润环节，把中国排除在外，使之成为“世界工厂”。

表 3-1　　服务进出口分类　　单位：亿美元

类　别	出口		进口	
	2013 年	2014 年	2013 年	2014 年
总 计	2106	2222	3291	3821
运输服务	376	383	943	962
旅游	517	569	1286	1648
通信服务	17	18	16	23
建筑服务	107	154	39	49
保险服务	40	46	221	225
金融服务	29	46	34	55
计算机和信息服务	154	184	60	85
专有权利使用费和特许费	9	6	210	226
咨询	405	429	236	263
广告、宣传	49	50	31	38
电影、音像	1	2	8	9
其他商业服务	401	335	206	238

数据来源：国家统计局。

3.4　发展生产性服务业网络对制造业价值链攀升的重要意义

研发、设计、金融、交通运输、营销等生产性服务业从制造业中分离出来，具有高智力、高集聚、高成长、高辐射、高就业等特点，而且融通生产的各个环节。同时，生产性服务业的内部又继续细分，在信息技术和网络自身特性的推动下最终形成多元化的生产性服务业网络，在全球价值链中发挥掌控、协调和组织作用。因此，借助制造业转型升级和发展战略性新兴产业契机，全面快速推进生产性服务业网络化和全球化，是中国培育新的比较优势，促进制造业价值链攀升的首要和根本任务，其对中国转变发展方式和调节经济结构失衡具有重要意义。

（1）适应全球产业组织形式的变革。从 20 世纪 90 年代起，全球生产开始变得更加的组织细分和空间分散，毋庸置疑全球生产网络或全球价值链是最关键的组织平台。2013 年联合国贸易和发展委员会估计约80%的国际贸易是通过全球生产网络组织建立起来的，其特征表现为龙头企业通过跨境生产投资并在全球范围内寻找、组织、协调合作伙伴、供应商和顾客进行贸易活动。可见，网络经济作为一种新兴的产业组织形态已成为演化当代市场经济的变革性力量。这种全球生产网络是由跨国公司生产网络与研发网络、金融网络、物流网络、营销网络等生产性服务业网络嵌套而成，并且生产性服务业网络在整个网络中居于主导地位，是增加值的重要来源。

（2）促进产业结构优化升级。2015年，第三产业的占比达到50.5%，服务业已成为中国主导产业，但仍远低于发达国家水平。经验表明，在制度效率不断提高的前提下，生产性服务业对于产品生产率和真实人均收入的提高具有正的网络效应。大力发展生产服务业网络化和全球化可以实现产业结构优化升级。一方面，产品生产率的提高促使制造业中释放出的劳动力和资源向服务业加速转移。另一方面，人均收入的提高可以扩大人们对服务的需求，进而提升整个经济体中服务业比重。

（3）助力中国向创新驱动转变。过去中国经济增长依靠的是要素驱动和投资驱动，企业创新主要以模仿学习为主，目的是为了实现生产和出口进而获取得更大规模的GDP，但在外需萎缩和要素成本上升的情况下难以维系。要想实现向创新驱动的转变，必须发展具有中国独立自主知识产权的创新，构建由中国企业所掌控的全球价值链，实现经济健康持续增长。创新贯穿于研发、生产、销售等全产业链，创新驱动的主体更多来自企业，创新者须能将必要的知识、技术、资源等进行有效组合，而生产性服务业的网络化至关重要。

在信息和互联网技术支撑下，一是由企业、大学、科研机构、用户、供应商等通过正式和非正式关系建立的创新网络平台，可以在全球范围内搜寻、利用高级生产要素和知识资源，形成跨部门、跨区域、跨国界的创新战略联盟，通过开展原始创新、集成创新、引进消化吸收再创新，实现由“中国制造”向“中国创造”的转变。

二是企业创新的研发投入需要金融支持，过去中国企业更多的是通过银行间接融资，现代金融网络拓展了金融产业发展的深度和广度，可以在更广泛的空间范围内进行资本配置，进而满足企业的融资需求。

三是物流网络是把全球范围内的商品采购、运输、仓储、加工、整理、配送、销售和信息等有机结合起来，以最低的费用和最小的风险极大限度地实现货物的时空压缩，保证流通领域中商品供求的及时对接。从而为其客户带来更多新的价值增值。

四是营销网络对企业在更广泛空间内采集市场信息、拓展销售渠道、建设具有国际化品牌的产品和专业化市场等方面发挥着重要作用。一方面营销网络可以汇集供给和需求，节省交易费用，另一方面，营销网络通过企业之间的空间联动，不断调整产品定位以便适应市场需求。

（4）平抑实体经济与虚拟经济失衡。生产服务业网络发展对于消除过剩产能和经济泡沫，提高虚拟经济对实体经济服务比重等发挥着重要作用。

首先，针对产能过剩问题，一是生产性服务业网络可以极大限度地拓展企业融资渠道，不但可以为产能过剩的企业重组成为优质企业创造条件，并且可以最大化地吸收被淘汰的劣质企业所释放出来的资源和劳动力；二是生产性服务业网络规模的扩大，可以提高企业生产效率和人均收入，进而对中国扩大内需战略的实施具有重要意义。三是生产性服务业网络的全球化发展（例如，“一带一路”战略），可以使过剩产能“大规模走出去”。

其次，就泡沫经济问题来讲，强调以金融网络为核心的生产性服务业网络建设，创新优质金融产品和金融工具，让更多的优质企业和资产进入资本市场，拓展消费者投资渠道，最大程度地满足投资者对优质资产的需求，扭转目前投资渠道（房地产、股票）狭窄局势，彻底解决资产泡沫问题。

最后，关于虚拟经济为实体经济服务比重过低问题，虚拟经济为实体经济服务是其存在和发展的前提和使命，一旦虚拟经济陷入自我循环，就会加大整个经济的系统性风险，容易引起金融危机。又或者，虚拟经济发展不足会抑制产业结构优化升级。目前，中国以金融为核心的高级生产性服务业的发展相对发达国家而言存在巨大的发展空间，中国加强生产性服务业网络的广度和深度发展，通过网络连锁效应，充分发挥生产性服务业降低交易成本、提高创新效率的作用，使整个产业链虚拟经济对实体经济的服务水平得到提高。

3.5　本章小结

制造业价值链攀升是一个系统工程，受多重因素的影响。本章通过现实的观察和统计分析，整体上探讨了中国制造业价值链攀升面临的产业发展现状、遇到的困难及原因，初步论述了生产性服务业网络对中国制造业价值链攀升所遇困难解决的有效性，进而为本书后续的深入研究奠定基础。

第4章　生产性服务业网络促进制造业价值链攀升的微观机理

前面通过初步现实观察和统计分析已经发现，生产性服务业网络对制造业价值链攀升发挥着重要的积极作用。接下来，本书的后续章节将对生产性服务网络对制造业价值链攀升影响的微观机理、网络效应、具体行为等展开深入研究。本章主要探究生产性服务业网络促进制造业价值链攀升的微观机理，一方面为上一章宏观的现实统计观察提供微观的理论说明；另一方面为本书的后续研究打下坚实的基础。

4.1　问题的提出

毫无疑问，服务业已经成为中国经济的第一大产业，而且服务业中新兴服务业所占比重大幅增大，这说明中国经济已经由以物质交易为主逐步过渡为以服务交易为特点的经济社会形态，这显然为生产性服务业的发展带来巨大的发展空间。可以说中国服务业过去没有找准服务对象，生产性服务业发展速度和规模相对滞后，其为制造企业服务的本能作用的发挥还远远不够。以往现实世界和理论界更多关注了生产性服务业对制造业价值链攀升的直接影响，忽略了其组织作用。

利用网络组织模式进行经营这种现象从20世纪60年代的美国就开始逐渐兴起，当时美国各行各业内部分工不断加深，每个行业的经营管理活动都变成了一个专业，这个专业一般由连锁网的总部从事，而连锁网的分店专业生产有形服务，并向总部购买专业“操作手册”和管理服务，比如，专门从事侦探的连锁网，专门教拳术舞蹈的连锁网，专门协助找工作的连锁网，专门协助报税的连锁网，包括知名的肯德基、麦当劳连锁店等等，可以看出，美国人很早就依靠知识、信誉以及先进的网络经营模式赚钱。

通过与中国传统的赚钱方式相比，发现中国人不习惯靠专业生产经营知识赚钱，他们有了专业知识，一般都是自己开店经营，而不会想到利用网络组织方式来规模售卖专业知识。当然，前种方式只能赚小钱，而后一种方式才能利用社会分工赚大钱。在信息和互联网技术的推动下，随着国际分工的不断深化，网络经营模式渗透到各个领域，目前实务界和理论界已经意识到领军企业所主导的全球价值链或全球生产网络主导的当今世界经济。突出表现为领军企业掌控产品价值链内附加值高的核心环节，专门从事特定环节的研发或服务，把低附加值部分转移到其他不同地区，然后依靠其核心环节的不可替代性或垄断统治地位在全球范围内掌控和协调整条价值链。

结合中国正面临制造业向全球价值链高端攀升的现实问题考虑，中国制造企业须借鉴国际先进经验，不断提高自身研发创新水平的同时，也要变革企业组织经营模式，但首先要清楚三个问题，一是制造业价值链内研发、设计、生产、物流、营销等环节分离与分立的过程；二是制造业价值链各个环节独立后如何在全球范围内组织安排的；三是生产性服务业网络对制造业价值链攀升影响的内在规律。本书认为生产性服务业网络具有关键性地位，考虑到生产性服务业网络的形成离不开专业化水平的提升和分工的演进，传统的主流新古典经济学主要研究价格机制下资源配置问题，认为专业化水平、分工、市场是外生给定的，无法很好地解释经济组织的变迁问题，所以本书运用新兴古典经济理论的以专业化和分工为基础的一般均衡来研究上述问题。

以亚当·斯密为代表的古典经济学认为分工可以减少资源的稀缺程度，是国家财富的重要源泉，但当时由于该思想没有采用数学工具进行证明，后来被以马歇尔为代表的，以古典数学规划方法（边际分析）研究价格机制下资源配置问题的新古典经济学所取代。其实，当时马歇尔在其《经济学原理》一书中的后半部分同样阐述了专业化和分工的重要性，但同样由于当时数学学科发展限制未能用严格的数学演绎说明专业化和分工对经济的影响，所以这部分内容未引起学界的广泛关注。

值得注意的是新古典经济学由于假定消费者和生产者完全分离；专业化、分工、市场、企业、交易费用等是外生的；以边际分析为主并关注规模经济；最优决策可能是内点解等这些局限，导致其无法分析由于专业化和分工引起的经济增长、经济组织变迁等众多问题，致使后来出现以凯恩斯为代表的宏观经济学。20 世纪 80 年代，以罗森、贝克、杨小凯和黄有光为代表的一批经济学家，用非线性规划（超边际分析）重新复活了古典经济学的专业化和分工思想，并将其变成了决策和均衡模型，这就是所谓的新兴古典经济理论。新兴古典经济理论将所有人假定为既是生产者又是消费者；关注专业化经济；交易费用对经济组织变迁具有重要意义；最优决策永远是角点解。可以看到，运用新兴古典经济的相关理论来解释本书需要回答的问题恰到好处。本章主要通过分析制造业价值链各个环节分离与分立的过程来探究生产性服务业网络的生成，进一步识别生产性服务业网络与相关制度安排、交易成本、生产率、人均收入水平等变量之间的关系，进而明确生成性服务业网络促进制造业价值链攀升的内在规律。

4.2　价值链内生产性服务环节和制造环节的分离与分立

4.2.1　模型假设

生产性服务业网络的构成主体是生产性服务企业，生产性服务企业的形成是由制造企业内专业化水平的不断提升和分工的不断深化所造成的，实质是价值链内生产性服务环节和制造环节分离与分立的过程。本章主要研究价值链内生产性服务环节和制造环节分离与分立的动因、生产性服务业网络的生成，以及生产性服务业网络与制造业价值链攀升的内在规律，要求所构建的制造企业分工演进模型能反映该问题即可，所以本书只考虑了一种中间生产性服务投入品和一种最终产品。同时，模型中应考虑包含价值链分离与分立的过程、价值链各个环节空间分布的外生比较优势，专业化水平、交易效率、内生性生产性服务环节等关键因素。模型的假设为：

本书在杨小凯和黄有光（Yang and Ng，1995）的迂回生产模型基础上，将区域的外生比较优势、生产性服务环节、网络因素等考虑在内，根据本书研究的需要，将模型进一步拓展：

假定某经济体内只有两个不同地区，分别表示发达国家和发展中国家，而且，他们各自内部的经济主体既是消费者，也是生产者，通常表示为消费者—生产者。假定经济系统中含有的经济主体数量 M，且 M 是极大的数字，即可认为该经济体为一个连续统。用字母 o 表示发达国家，字母 c 表示发展中国家。在这个经济系统中每个经济主体可以从事两种生产活动，一种是生产制造活动，生产最终产品，生产最终产品的数量用 y 表示；另一种生产活动是为生产最终产品提供中间投入的服务（生产性服务或知识产品），即生产中间产品的活动，生产中间产品的数量用 x 表示。即把生产最终产品看成需要两种生产活动，一种是制造环节，另一种是生产性服务环节，而且，后者是前者的中间投入。

假定对于每个经济主体而言，只消费最终产品，假设 k 为最终产品的交易效率（本书中主要指外生交易效率，受制度环境的影响，是事前可以观测到的），而且，在本书中当考虑区域内的自给自足分工时，k 为区域内交易效率，当分析区域间的分工时 k 为区间交易效率。x,y 表示为经济主体用于自己消费的产品数量，x^s,y^s 是制造产品和生产性服务产品的供给量，x^d 为生产性服务产品的需求量，y^d 是最终产品的需求量，则不同区域的每个经济主体的效用函数为：

$$u = y + ky^d \tag{4-1}$$

假定 l_x 和 l_y 代表不同经济主体的劳动份额，表示如果每个经济主体用于生产最终产品和生产性服务业产品的劳动总量为 1 的话，那么，l_x 和 l_y 为用于生产不同产品的劳动比重，也即为专业化水平，则每个经济主体的资源约束为：

$$l_x + l_y = 1\ ,l_x,\ l_y \in [0,1] \tag{4-2}$$

假定 t 表示中间生产性服务产品的交易效率系数，那么，生产中实际用于生产最终产品的中间产品数量为 $x + tx^d$。令 φ_i 和 η_i 表示制造环节和生产性服务环节生产效率系数。f 和 b 表示制造环节和生产性服务环节的固定学习成本，且假定 $f > b$。则令每个经济主体的最终产品和生产性服务产品的生产函数为：

$$y + y^s = \varphi_i[(x + tx^d)(l_y - f)]^a \tag{4-3}$$

$$x + x^s = \eta_i(l_x - b) \tag{4-4}$$

$$i = c,o,\ y,y^s,x,x^s,x^d,l_x,l_y \geqslant 0$$

其中，$0.5 < a < 1$，即当 $a > 0.5$ 时，企业生产率将随生产性服务投入的增加而增加。a 表示企业生产的迂回经济效果，且 $0 < b < 1$。

假定 p_x，p_y 表示制造产品和生产性服务产品的价格。则每个经济主体的消费预算为：

$$p_x x^d + p_y y^d = p_x x^s + p_y y^s \tag{4-5}$$

基于以上分析，每个经济主体的决策问题为如下非线性规划问题：

$$\max u = y + ky^d$$

$$s.t. \begin{cases} y + y^s = \varphi_i[(x + tx^d)(l_y - f)]a \\ x + x^s = \eta_i(l_x - b)\ \ b \in [0,1] \\ l_x + l_y = 1,\ l_x,\ l_y \in [0,1] \\ p_x x^d + p_y y^d = p_x x^s + p_y y^s \end{cases} \tag{4-6}$$

$i = c, o,\ y, y^s, x, x^s, x^d, l_x, l_y \geqslant 0$

可见，上述规划问题的每个经济主体的决策问题主要是选择生产最终产品还是生产性服务中间产品，每种产品多少在市场售卖和购买，以及多少用来消费等问题。

4.2.2　模型推导

由于本书要分析生产性服务环节与制造环节的分离与分立，并且，生产性服务企业的出现意味着生产中间生产性服务产品的经济主体为企业的老板。所以，本书综合考虑到产品市场和劳力市场，由于模型假定中涉及最终产品和生产性服务产品两种产品，以及生产最终产品的劳动和生产性服务产品的劳动，这四种要素可以有 6 个组合，分别为生产性服务产品和最终产品（结构 B），最终产品和生产生产性服务产品的劳动（结构 C），最终产品和生产最终产品的劳动（结构 D），生产性服务产品和生产生产性服务的劳动（不可能，因为生产生产性服务中间产品的经济主体必须消费最终产品，但却买不到），生产最终产品的劳动和生产生产性服务产品的劳动（显然没有效率），生产性服务产品和生产最终产品的劳动（显然没有效率），所以，本书主要分析四种市场结构 A，B，C，D，如图 4－1 所示。

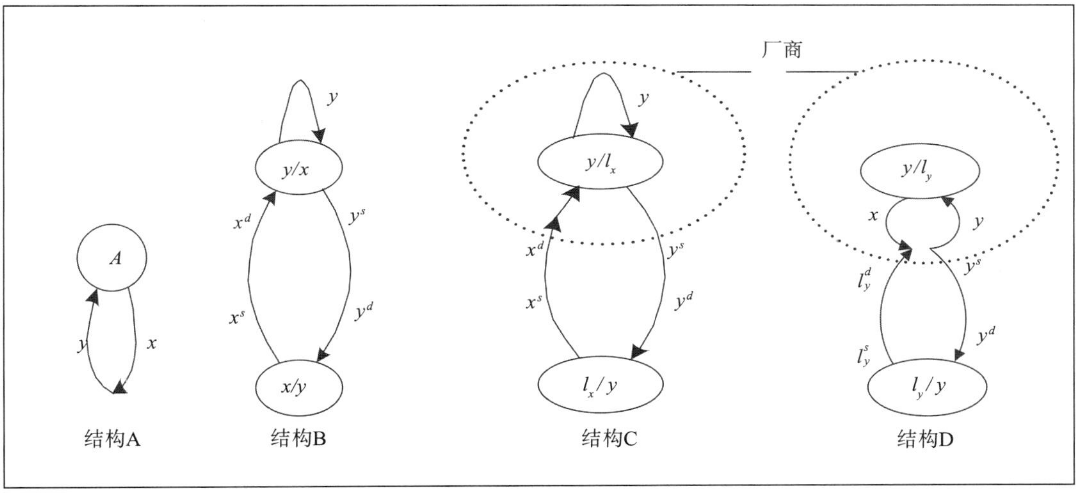

图 4－1　各种分工结构

（1）区域内的自给自足结构 A：两个不同区域内部所有的经济主体均生产生产性服务中间产品，然后用其来生产最终产品，并自己消费自己生产的所有最终产品。自给自足的好处是没有交易和交易费用，而坏处是专业化经济不能被充分利用。其中，$x^s = y^s = x^d = y^d = 0$（文定理①），则两个区域内每个经济主体的决策问题为（由 4－6 式得）：

① 由于模型中的 x，y，x^d，y^d，x^s，y^s，l_x，l_y，均可取值为正数或 0，且 l_x 和 l_y 与其他变量并不独立，因此，模型中 x，y，x^d，y^d，x^s，y^s，存在 6 个相互独立的变量，每个变量可以为 0 或正数，共有 2^6 个可能的内点解或角点解，由于为了计算过程中尽可能减少称为最优决策的角点解和内点解的数目，Yang 和 Ng（1993）、Wen（1998）使用了库恩——塔克条件建立了文定理。文定理：每个经济主体的最优决策是从不同时买和生产同种产品，从不同时买和卖同种产品，最多卖一种产品。

$$\max\ u_i^A = y = \varphi_i\left[(x + tx^d)(l_y - f)\right]^a$$

$$s.t.\begin{cases} x = \eta_i(l_x - b) & b \in [0,1] \\ l_x + l_y = 1 & l_x,\ l_y \in [0,1] \end{cases} \tag{4-7}$$

解：由 $\max u_i^A = y = \varphi_i\left[(x + tx^d)(l_y - f)\right]^a$

$$= \varphi_i\left[\eta_i(l_x - b)(1 - l_x - f)\right]^a$$

则 $u_i^A = \varphi_i \eta_i^a (l_x - b)^a ({}^1 - l_x - f)^a$

两边取对数 $In^{u_i^A} = In^{\varphi_i} + aIn^{\eta_i} + aIn^{(l_x - b)} + aIn^{(1 - l_x - f)}$

对 l_x 求偏导：$\frac{\partial In^{u_i^A}}{\partial l_x} = 0$

求得 A 结构的最优解：

$$l_x = \frac{1 + b - f}{2}, \qquad l_y = \frac{1 + f - b}{2}$$

$$x = \eta_i\left(\frac{1 - f - b}{2}\right), \qquad u_i^A = \varphi_i \eta_i^a \left(\frac{1 - f - b}{2}\right)^a \tag{4-8}$$

（2）结构 B 由（x/y）和（y/x）构成，如图 4－1 结构 B 表示没有企业时的完全分工。包括区域内部的完全分工和区域之间的完全分工两种情况。由于第一种情况不能进行制造业价值链各个环节的空间分离，为了不失一般性，本书仅分析区域之间完全分工的情况，并且，值得注意的是此时的 k 是不同区域之间的交易效率，以下同。在该分工结构中，两个不同区域的经济主体都实现了完全专业化，且两个区域的完全分工对专业化生产模式的选择是对称的。

那么，结构 B 中两个不同区域的经济主体分别选择不同的专业化模式（x/y）和（y/x），对于专业从事生产性服务中间投入品生产活动的模式（x/y），表示买最终产品，卖生产性服务中间投入产品，同样根据文定理，得 $x = x^d = y = y^s = l_y = 0$，$l_x$，$x^s$，$y^d > 0$。由于 x 是生产性服务中间投入品的数量，所以生产生产性服务中间投入品的经济主体不会消费该产品。

对于专业生产最终制造产品的模式（y/x），表示买生产性服务中间投入，卖最终产品，根据文定理得，$x = x^s = y^d = l_x = 0$，x^d，y，y^s，$l_y > 0$。则两种专业化模式的决策问题为（由 4－6 式得）：

针对（x/y）模式的决策问题：

$$\max u_i^{(x/y)} = ky^d$$

$$s.t.\begin{cases} x^s = \eta_i(l_x - b), & b \in [0,1] \\ l_x + l_y = 1, & l_x,\ l_y \in [0,1] \\ p_y y^d = p_x x^s \end{cases}$$

其中，$l_x = 1$，$l_y = 0$，求得（x/y）模式的最优解为：

$$(x/y):\ x^s = \eta_i(1 - b), \qquad y^d = \frac{p_x}{p_y}\eta_i(1 - b)$$

$$u_i^{(x/y)} = k\frac{p_x}{p_y}\eta_i(1 - b) \tag{4-9}$$

针对（y/x）模式的决策问题为：

$$\max u_i^{(y/x)} = y$$

$$s.t.\begin{cases} y + y^s = \varphi_i[(x + tx^d)(l_y - f)]^a \\ x + x^s = \eta_i(l_x - b) \quad b \in [0,1] \\ l_x + l_y = 1 \quad l_x, \ l_y \in [0,1] \\ p_x x^d = p_y y^s \end{cases}$$

其中，$l_x = 0$，$l_y = 1$，求得（y/x）模式的最优解为：

$$(y/x): \ x^d = \left(\frac{p_x}{p_y}\right)^{\frac{1}{a-1}} (a\varphi_i)^{\frac{1}{1-a}} [t(1-f)]^{\frac{a}{1-a}}$$

$$y^s = \frac{p_x}{p_y} x^d$$

$$u_i^{(y/x)} = \varphi_i (1-f)^a t^a (x^d)^a - \frac{p_x}{p_y} x^d \tag{4-10}$$

进一步，由效用均等化条件 $u_i^{(x/y)} = u_i^{(y/x)}$，以及市场出清条件 $M_x x^s = M_y x^d$，其中，M_x 和 M_y 为从事生产性服务产品生产和最终产品生产的经济主体个数，解得该分工结构的相对价格、效用水平和相对人数为：

$$\frac{p_x}{p_y} = \frac{(1-a)^{\frac{1}{1-a}} \varphi_i^{\frac{1}{(1-a)^2}} [(1-f)ta]^{\frac{a}{(1-a)^2}}}{[k\eta_i(1-b)]^{\frac{1}{1-a}}}$$

$$u_i^B = [k\eta_i(1-b)]^{\frac{a}{a-1}} \varphi_i^{\frac{1}{1-a}} [(1-f)ta]^{\frac{a}{1-a}} (1-a)$$

$$\frac{M_x}{M_y} = \frac{(1-a)^{\frac{1}{1-a}}}{\varphi_i^{\frac{a}{(1-a)^2}} [(1-f)ta]^{\frac{a^2}{(1-a)^2}} [\eta_i(1-b)]^{\frac{1}{(1-a)}} k^{\frac{1}{1-a}}} \tag{4-11}$$

（3）结构 C 由（y/l_x）和（l_x/y）构成，该结构考虑具有劳动力市场的区域间完全分工，并且制造型经济主体为企业老板。其中，（y/l_x）模式表示制造型经济主体雇生产性服务型经济主体在企业内生产生产性服务中间投入品，然后用其来生产最终产品，并卖最终产品的模式，令（l_x/y）表示受雇于企业从事生产性服务产品生产的经济主体卖劳动，并向企业买最终产品的模式。

假定，N 是企业所雇生产性服务经济主体的数量，w 为工资率，s 为购买每单位生产性服务型经济主体劳动的交易效率，所以，买 l_x 单位劳动实际只能用到 sl_x。Nl_x 为每个制造型经济主体的劳动力需求。每个生产性服务经济主体的生产函数为 $x^s = [s(l_x - b)] = s(1-b)$，所以制造型经济主体得到的中间产品数量为 $x^d = Nx^s$，其生产函数为$y + y^s = \varphi_i[x^d(l_y - f)]^a$。则有，选择（$y/l_x$）模式的经济主体为企业老板，其决策问题为：

$$\max u_i^{(y/l_x)} = y$$

$$s.t.\begin{cases} y + y^s = \varphi_i[x^d(l_y - f)]^a, \ l_y = 1\text{（制造型经济主体的生产函数）} \\ x^s = \eta_i[s(l_x - b)], \ l_x = 1\text{（生产性服务型经济主体的生产函数）} \\ x^d = Nx^s\text{（对生产性服务产品需求量与 } N \text{ 个生产者生产的数量相等）} \\ p_y y^s = wNl_x = wN\text{（预算约束）} \end{cases} \tag{4-12}$$

求得其最优解为：

$$N = T_i^{\frac{a}{1-a}} \left(\frac{a\varphi_i p_y}{w}\right)^{\frac{1}{1-a}}$$

$$y^s = \frac{wN}{p_y} = (a\varphi_i T_i^a)^{\frac{1}{1-a}} \left(\frac{p_y}{w}\right)^{\frac{a}{1-a}}$$

$$u_i^{(y/l_x)} = (1-a)\varphi_i \left(a\varphi_i T_i \frac{p_y}{w}\right)^{\frac{a}{1-a}} \tag{4-13}$$

其中，$T_i = s\eta_i(1-b)(1-f)$。

对于（l_x/y）模式的选择，假定 l_x^s 是每个经济主体的劳动供给，显然每个经济主体的效用为 ky^d，且面临预算约束，所以，选择（l_x/y）模式的决策问题为：

$$\max\ u_i^{(l_x/y)} = ky^d$$
$$s.t.\ \ p_y y^d = wl_x^s,\ l_x^s = 1 \tag{4-14}$$

令（y/l_x）的经济主体数量为 M_y，则最终产品的市场供给为 $M_y y^s$，对劳动的市场需求为 $M_y N$，令（l_x/y）的经济主体数量为 M_x，对 y 市场需求为 $M_x y^d$，对劳动的市场供给为 M_x。而且，最终产品的市场供求相等条件与劳动力市场的供求相等条件由于瓦尔拉斯法则而完全等价。因此由效用均等条件和市场出清条件解得 C 结构角点均衡：

$$N = \frac{M_x}{M_y} = \frac{k}{(1-a)\varphi_i}$$

$$\frac{w}{p_y} = (a\varphi_i T_i)^a \left[\frac{(1-a)\varphi_i}{k}\right]^{1-a}$$

$$U_i^C = \varphi_i (akT_i)^a (1-a)^{1-a} \tag{4-15}$$

（4）结构 D 由（y/l_y）和（l_y/y）构成，为生产性服务型经济主体当老板的区域间完全分工结构。其中，（y/l_y）表示生产性服务型经济主体自己生产中间产品，并购买制造型经济主体的劳动，令其用自己生产的生产性服务业中间投入品在企业内生产最终产品的模式，生产性服务型经济主体除留下部分最终产品供自己消费外，将其余的最终产品在市场上销售。

假定，Y 是留给生产性服务型老板的消费量，Y^s 是每个制造型经济主体生产的最终产品量，$Y+Y^s$ 是企业生产总的最终产品产量。x^d 是每个制造型经济主体使用的中间产品量，r 是制造型经济主体劳动的交易效率系数。由于劳动的交易费用，生产性服务经济主体购买 l_y 时，实际只能运用 rl_y。N 是每个生产性服务经济主体所雇制造型经济主体数量，x^s 是生产性服务型经济主体生产的中间产品数量。小写字母的上标 s 和 d 都表企业内的投入产出供求量，而大写字母的上标代表市场供求量。大写字母代表全厂产量，小写字母代表每人产量。同样只考察区域间完全分工。此模式决策问题为：

$$\max\ u_i^{(y/l_y)} = Y$$

$$s.t.\begin{cases} y + y^s = Ny^s\text{（总产量）} \\ y^s = \varphi_i[x^d r(l_y - f)]^a, l_y = 1\text{（每个制造型经济主体生产函数）} \\ x^d = x^s/N\text{（每个制造型经济主体所使用的中间产品）} \\ x^s = \eta_i(l_x - b),\ l_x = 1\text{（生产性服务型经济主体的生产条件）} \\ P_y Y^s = wl_y N = wN\text{（预算约束）} \end{cases} \tag{4-16}$$

则（y/l_y）模式最优解为：

$$N = R_i\left[(1-a)\frac{p_y}{w}\right]^{\frac{1}{a}},\qquad Y^s = \left(\frac{p_y}{w}\right)^{\frac{1-a}{a}} R_i^{\ a}(1-a)^{\frac{1}{a}}$$

$$u_i^{(y/l_y)} = Y = aR_i\left[(1-a)\frac{p_y}{w}\right]^{\frac{1-a}{a}}$$

其中，$R_i = \varphi_i^{\frac{1}{a}} r_i \eta_i (1-b)(1-f)$ （4－17）

选择（l_y/y）模式的决策问题：

$$\max\ u_i^{(l_y/y)} = ky^d$$

$$s.t\ p_y y^s = wl_y = w,\ l_y = 1 \qquad (4-18)$$

同样由供求相等和间接效用函数相等解得 D 结构均衡解：

$$\frac{\omega}{p_y} = \left(\frac{aR_i^a}{k}\right)^a (1-a)^{1-a},\qquad N = \frac{M_y}{M_x} = \frac{k(1-a)}{a}$$

$$U_i^D = (aR_i)^a\,[k(1-a)]^{1-a}$$

其中，$R_i = \varphi_i^{\frac{1}{a}} r_i \eta_i (1-b)(1-f)$。 （4－19）

4.2.3 一般均衡及超边际分析

新兴古典经济理论的一般均衡分析特点是，当迂回生产的分工演进模型中参数改变时，一般均衡的结果会在不同分工结构之间发生不连续的跳跃，首先，对上述四种分工结构均衡解进行归纳如表 4－1 所示。

表 4－1 市场结构与相对价格、人均实际收入与专业化生产者的相对数量

市场结构	相对价格（p_x/p_y）	人均真实收入 U	相对数量（M_x/M_y）
A	——	$\varphi_i\eta_i^{\ a}[(1-f-b)/2]^a$	——
B	$\frac{p_x}{p_y} = \frac{(1-a)\varphi_i^{\frac{1}{1-a}}[(1-f)at]^{\frac{a}{1-a}}}{[k\eta_i(1-b)]^{\frac{1}{1-a}}}$	$U_i^B = (1-a)[k\eta_i(1-b)]^{\frac{a}{a-1}} * \varphi_i^{\frac{1}{1-a}}[(1-f)at]^{\frac{a}{1-a}}$	$\frac{M_x}{M_y} = \frac{(1-a)^{\frac{1}{1-a}}}{\varphi_i^{\frac{a}{(1-a)^2}}[(1-f)ta]^{\frac{a^2}{(1-a)^2}}} * \frac{1}{[\eta_i(1-b)]^{\frac{1}{(1-a)}}k^{\frac{1}{1-a}}}$
C	$\frac{\omega}{p_y} = (a\varphi_i T_i)^a\left[\frac{(1-a)\varphi_i}{k}\right]^{1-a}$	$U_i^C = \varphi_i(akT_i)^a(1-a)^{1-a}$	$N = \frac{M_x}{M_y} = \frac{k}{\varphi_i(1-a)}$
D	$\frac{\omega}{p_y} = \left(\frac{aR_i^a}{k}\right)^a(1-a)^{1-a}$	$U_i^D = (aR_i)^a[k(1-a)]^{1-a}$	$N = \frac{M_y}{M_x} = \frac{k(1-a)}{a}$

其中：$T_i = s\eta_i(1-b)(1-f)$，$R_i = \varphi_i^{\frac{1}{a}} r\eta_i(1-b)(1-f)$

接下来，对不同分工结构进行一般均衡分析：

$U_i^C > U_i^B$，当且仅当 $t < s^a g(\varphi_i,\eta_i,f,b)$

$U_i^C > U_i^D$，当且仅当 $k > k_2 = [r/s^a g(\varphi_i,\eta_i,f,b)]^{\frac{a}{2a-1}}$

$U_i^B > U_i^D$，当且仅当 $k > k_1 = (r/t)^{\frac{a}{2a-1}}$

讨论 1：当 $t < s^a g(\varphi_i, \eta_i, f, b)$ 情景下：

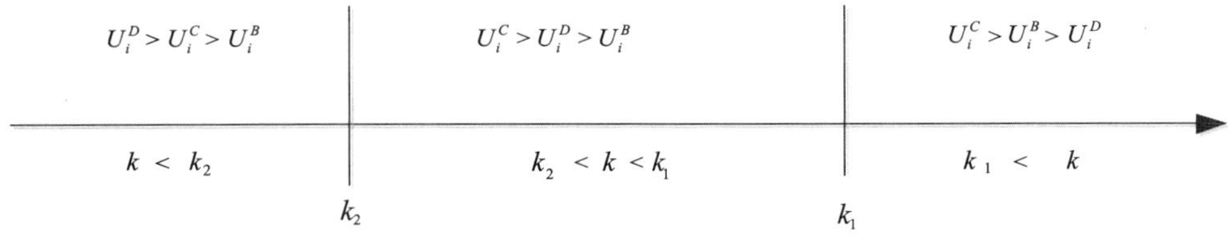

若 $k < k_2$，D 产生最大效用，若 $k > k_2$，C 产生最大效用，B 不可能是全部均衡。

讨论 2：当 $t > s^a g(\varphi_i, \eta_i, f, b)$ 情景下：

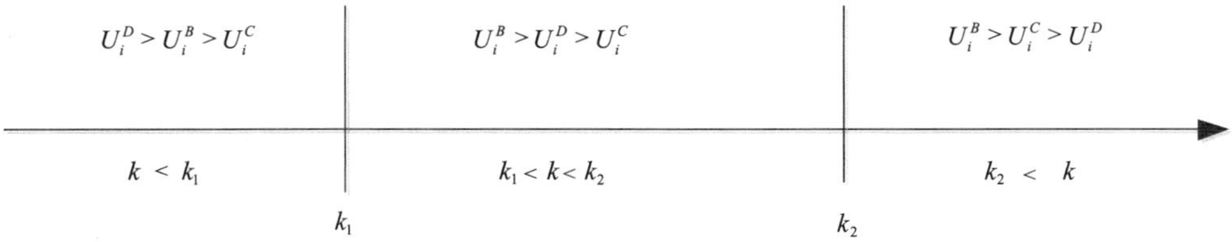

若 $k < k_1$，D 产生最大效用，若 $k > k_1$，B 产生最大效用，C 不可能是全部均衡

进一步，与区域内自给自足情况效用比较，得出结果如表 4－2 所示。

表 4－2　　一般均衡及超边际分析

t 与 φ_i、η_i、b、f、s 相对应	$t < s^a g(\varphi_i, \eta_i, f, b)$				$t > s^a g(\varphi_i, \eta_i, f, b)$			
相对于 r、t、s、a 与 k 值	$k < k_2$		$k > k_2$		$k < k_1$		$k > k_1$	
	$< k_5$	$> k_5$	$< k_4$	$> k_4$	$< k_5$	$> k_5$	$< k_3$	$> k_3$
均衡结构	A	D	A	C	A	D	A	B

其中：$k_1 = (r/t)^{\frac{a}{2a-1}}$

$k_2 = [r/s^a g(\varphi_i, \eta_i, f, b)]^{\frac{a}{2a-1}}$

$k_3 = (1-a)^{\frac{a-1}{a}} \dfrac{1-b-f}{2at(1-b)(1-f)}$

$k_4 = (1-a)^{\frac{a-1}{a}} \dfrac{1-b-f}{2as^a g(\varphi_i, \eta_i, f, b)(1-b)(1-f)}$

$k_5 = \dfrac{\left[\dfrac{1-b-f}{2ar(1-b)(1-f)}\right]^{\frac{a-1}{a}}}{1-a}$

4.3　生产性服务业网络促进制造业价值链攀升的微观机理

4.3.1　制造业价值链分离与分立的动力来源

专业化生产、区域的外生比较优势、交易效率是价值链内生产性服务环节与制造环节分离与分立的动力来源。

首先，价值链内生产性服务业环节和生产制造环节的固定学习成本不同，本书中用 f 和 b 表示，且 $f>b$。在结构 A 中自给自足的状态下，需要同时支付固定的学习成本为两者之后。如果实现区域间的完全分工，不同区域的经济主体由于从事价值链内不同环节生产的专业化，各自只需支付本身的固定学习成本，从而降低了整条价值链的固定学习成本。所以有：

推论 1：专业化生产是制造业价值链内各个环节分离的基本动因。

其次，η_i 和 φ_i 表示生产服务环节和制造环节的生产效率，说明不同区域的经济主体在价值链内不同环节具有各自优势。一般发达国家在生产性服务环节具有较高的生产效率，而发展中国家在制造环节具有较高的生产效率。

假定，$\eta_o>\eta_c$，$\varphi_c>\varphi_o$，则有 $\frac{\eta_o}{\varphi_o}>\frac{\eta_c}{\varphi_c}$。

说明发展中国家在制造环节具有外生比较优势，而发达国家在生产性服务环节具有外生比较优势。在不考虑劳动市场的情况下，结构 B 实现了区域间的完全分工，不同区域的经济主体依靠本地区的外生比较优势，专门从事价值链某个增值环节的生产活动，有利于价值链综合效率的提升。

推论 2：区域的外生比较优势是价值链各个环节分离并分立的重要动力。

推论 2 表明价值链内生产性服务环节和制造环节分离并分立后的空间分布具有地理依赖性，这种依赖性体现为价值链的不同增值环节基于不同区域的外生比较优势进行选择。这与张松林和武鹏（2012）的研究一致。而且，该推论验证了大卫·李嘉图的比价优势学说和赫克歇尔、俄林的要素禀赋理论对于生产性服务业网络化发展的适用性。这与江小娟在《服务全球化的发展趋势和理论分析》中的观点一致。

最后，分工结构 A 到 D 的演进过程，表面上看是从区域内完全自给自足的经济形态到区域间产品市场的完全分工，再到区域间不同性质的企业出现的完全分工，如果用波特的价值链理论分析的话，其实质是价值链各个不同增值环节分离的过程，即原来制造企业内部用作中间投入的生产性服务从企业内部逐渐分离出来的过程，并且分布在不同地理空间范围内。由一般均衡和超边际分析结果可知（表 4－2），交易效率 k 值的变化促使了分工的加深，而且区域内交易效率对本书分析的意义不大，可以说区域间交易效率的提高是导致生产制造环节和生产性服务环节分离的内在直接动力。

推论 3：交易效率提高导致生产性服务环节和制造环节的分离。

推论 3 的结果与 Arndt、Yi K、卢峰、Hanson、张松林和武鹏的观点相似，即主要强调了交易效率（交易费用）对分工的影响，也就是说全球价值链的空间分离受交易效率（交易费用）变化的影响。本书的交易效率 k 主要指外生交易效率，是事前能够看到的，主要受制度环境的影响，包括市场自由开放程度、金融管制、法律制度、基础设施等因素的影响（Williamson，1985；Antràs et al.，2003；庞春，2009，2010）。

4.3.2　全球价值链掌控在从事生产性服务的企业手中

理论界和现实界普遍认为领军企业所主导的全球价值链是当今世界的中枢神经系统（Coe，2000；刘志彪和张杰，2008；贾根良和刘书瀚，2012）。而且，领军企业具有生产性服务业的性质。

那么，原因是什么呢？多数学者的解释是从事生产性服务的企业较从事生产制造的企业可以获得更高的利润，这只是对该问题的一个表面回答。其深层次原因从分工演进的角度看，对四种分工结构进行一般均衡的比较静态分析可知，结果是D形式的分工结构是最有效率的，这时从事生产性服务的专家当老板，雇佣生产工人进行生产组织。原因是假定最终制造品的交易效率很高，因为制造品的数量、质量都很容易测度。生产制造品的劳动的交易效率也不低，因为生产制造品的人不动手脚时，我们知道他在偷懒。但具有生产性服务性质的中间产品（知识性质产品）的交易效率很低，因为这是不可触摸的知识财产，极难测度其质量、数量。用来生产生产性服务产品的劳动是脑力劳动，发生在脑子里的事也是极难测度质量和数量的。那么，结构B肯定无效率，因为它必须买卖交易效率低的具有生产性服务性质的中间产品；结构C也肯定无效率，因为它必须买卖交易效率低的用来生产生产性服务产品的劳动，所以结构D是最有效的，因为他买卖最终制造产品和生产制造品的劳动，他们的交易效率都是高的。这时的生产性服务企业掌控整条价值链的核心环节，依据其自身的排他性优势掌控和协调全球价值链。所以，本书最具组织效率的分工角度得出：

推论4：具有生产性服务性质的企业是全球价值链的掌控者。

4.3.3 生产性服务业网络的生成

由表4-2结果表明，当最终产品的交易效率、中间投入品的交易效率、生产最终产品劳动的交易效率及中间投入品劳动的交易效率等各种要素的交易效率之差达到一定临界值时（$>k_5$时），分工结构D为均衡，这种情况下具有知识的专家当老板，意味着生产性服务企业出现。由于本书为了简化计算，迂回生产模型只是假定了一种中间投入品，所以，分工深化的结果是衍生出一种生产性服务企业。但现实社会不同产品的中间投入产品的种类是多样的，随着专业化水平和分工的演进，会分离出大量不同种类的生产性服务企业，而且，生产性服务企业内部也会不断的进行横向裂变，最终经济社会就出现了众多纷繁复杂的生产性服务企业。

那么，这些生产性服务企业是如何生产网络的呢？一是由模型的演绎可以发现，模型中内生了个体的专业化水平，每个个体的专业化选择和多样化消费不但影响自己的效用，而且影响其他个体的专业化选择和效用，这种个体之间相互依赖、相互交互形成了网络组织。二是个体之间存在着直接和间接的消耗，会形成投入产出网络。三是个体之间为了某种目的会形成正式和非正式的网络合作关系。鉴于以上分析，生产性服务业网络的生成可以看作：

推论5：生产性服务业网络，可以看成为在个体专业化水平不断提高和分工不断深化过程中，由制造企业内部的以及从企业内部分离出来的，从事生产性服务的个体之间所形成的相互依赖、相互交互、直接或间接的消耗、正式和非正式联系的网络组织。

针对企业生产的研发、融资、制造、供应链、销售等增值环节，本书将生产性服务业网络划分创新网络、金融网络、物流网络、营销网络等。其主要作用表现为：一是由企业、大学、科研机构、用户、供应商等通过正式和非正式关系建立的创新网络平台，可以在全球范围内搜寻、利用高级生产要素和知识资源，形成跨部门、跨区域、跨国界的创新战略联盟，通过开展原始创新，集成创新、引进消化吸收再创新，实现由“中国制造”向“中国创造”的转变。二是企业创新的研发投入需要金融支持，过去中国企业更多的是通过银行间接融资，现代金融网络拓展了金融产业发展的深度和广度，可以在更广泛的空间范围内进行资本配置，进而满足企业的融资需求。三是物流网络是把全球范围内的商品采购、运输、仓储、加工、整理、配送、销售和信息等有机结合起来，以最低的费用和最小的风险极大限度地实现货物的时空压缩，保证流通领域中商品供求的及时对接。从而为其客户带来更多新的价值增值。四是营销网络对于企业在更广泛空间内采集市场信息、拓展销售渠道、建设具有国际化品牌的产品和专业化市场等方面发挥着重要作用。一方面营销网络可以汇集供给和需求，节省交易费用，另一方面，营销网络通过企业之间的空间联动，不断调整产品定位以便适应市场需求。从定量的角度来衡量的话可以定义为：

$$Pnet = \prod_{wj} M_x^{wj}, j = A, B, C, D, \cdots\cdots$$

其中，$Pnet$ 表示生产性服务业网络，M_x^{wj} 为不同分工模式的生产性服务业个体数量。

4.3.4　生产性服务业网络促进制造业价值链攀升的内在规律

一方面，考虑分工结构 D 是最优组织效率的，这与产品内分工下当前全球经济由领军企业掌控的全球价值链所主导，而这领军企业往往具有生产性服务企业的性质相适配。所以，通过研究结构 D 来达到本书的研究目的。同时，为了简化计算，用 M_x 近似度量生产性服务业网络规模，由结构 D（表 4－1）知：

$$\frac{M_y}{M_x} = \frac{k(a-1)}{a}$$

且有：$M_x + M_y = M$

则得出：$k = \left(\frac{a}{a-1}\right)\left(\frac{M}{M_x} - 1\right)$，且 $a \in \left(\frac{1}{2}, 1\right)$

可以推出：$\frac{dk}{dM_x} > 0$

可见，生产性服务业网络规模的扩大可以促进交易效率的提高，其中，k 又是外生交易效率（$1-k$ 为交易费用），在结构 D 中主要指受制度环境影响的不同地区之间的交易效率，而制度因素涉及制造企业生产的软硬基础设施和各种法律法规，创新网络、金融网络、物流网络、营销网络等生产性服务业网络可以在广泛的时空范围内，突破多种边界限制为制造企业最大限度地整合各种资源、融通生产的各个环节及拓展广阔的市场，最大限度地降低企业交易费用和提高交易效率。

另一方面，分析交易效率对分工演进的一般均衡结果 U_i^D 的影响，U_i^D 是一般均衡的角点解，是四种分工结构中最优效用水平（$>k_5$ 时），其经济含义为人均收入水平，同时也代表劳动的绝对价格或生产率水平，容易计算的 $\frac{dU_i^D}{dk} > 0$，则说明交易效率的提高可以增加人均收入水平，促进生产率水平提升。

综合以上两个方面得出，生产性服务业网络通过提高交易效率，进一步提升了产品生产率水平，而制造业价值链的量化可以用生产率水平来度量，所以有：

推论 6：生产性服务业网络通过提高交易效率、人均收入水平和生产率水平，进而促使制造业价值链攀升。

4.4　主要结论

本书以专业化和分工理论为基础，建立了内生性生产性服务业与制造业价值链分工演进的迂回生产模型，运用一般均衡和超边际分析方法，探究了制造环节与生产性服务环节分离与分立的动力来源，分析了生产性服务业网络的生成以及生产服务业网络对制造业价值链攀升影响的内在规律。

得出，专业化生产、区域的外生比较优势、交易效率是价值链内生产性服务环节与制造环节分离与分立的动力来源；全球价值链掌控在从事生产性服务的企业手中；生产性服务业网络，可以看成为在个体专业化水平不断提高和分工不断深化过程中，由制造企业内部的以及从企业内部分离出来的，从事生产性服务的个体之间所形成的相互依赖、相互交互、直接或间接的消耗、正式和非正式联系的网络组织；生产性服务业网络通过提高交易效率、人均收入水平和生产率水平，进而促使制造业价值链攀升。

4.5　本章小结

本章的研究区别于主流的将生产者和消费者完全隔离，而忽视专业化和分工而无法分析经济组织演进的新古典经济研究局限，运用新兴古典经济理论分析了生产性服务业网络促进制造业价值链攀升的内在规律，在更深层面论证了生产性服务业网络的生成，拓展了生产性服务业网络的相关研究，同时也丰富了制造业价值链升级理论，而且，分析生产性服务业网络对制造业价值攀升的微观机理一方面有助于更加科学合理地解释宏观现象，另一方面为本书的后续研究奠定坚实的理论基础。

第5章 生产性服务业网络促进制造业价值链攀升的网络效应

上一章本书通过理论模型演绎推理已经探究了生产性服务业网络促进制造业价值链攀升的微观机理，那么，如何验证生产性服务业网络促进制造业价值链攀升的网络效应的存在，该问题的研究也是本书研究逻辑框架内的重要内容。

5.1 问题的提出

在经济全球化和信息革命的推动下，产品内分工的不断深化导致了产品的价值链条正在进行空间分离，逐渐形成了产业价值链的全球布局（Thierstein et al.，2008；柯颖和王述英，2007）。跨国公司从事高附加值商品和服务的生产，牢牢占据着价值链的高端环节，而发展中国家低环节嵌入全球价值链，凭借原材料和劳动力低成本的比较优势承接跨国公司低附加值的外包业务，受“瀑布效应”影响，正面临诸如“比较优势陷阱”“国际外包陷阱”、价值链“固化”和被“俘获”等潜在风险。并且，发展中国家能够实现价值链自动升级的仅占少数（Gereffi，1999），大多数被长期锁定在全球价值链低端。例如南亚的巴基斯坦、斯里兰卡和孟加拉等国多年来“沉迷”在全球价值链的低端环节，难以实现突破（Lall，2000；唐海燕和张会清，2009；邱斌等，2012；牛卫平，2012）。

现有文献对发展中国家价值链攀升的路径选择、影响因素等问题进行了研究。Humphrey 和 Schmitz（2002）提出价值链攀升按照产品升级、工艺升级、功能升级、链升级四种模式进行升级路径的选择。众多学者认为价值链攀升是一项系统工程，受经济增长、基础设施、金融发展、人力资本、制度环境等诸多因素影响（Schott，2008；Xu and Lu，2009；王永进等，2010；祝树金等，2010）。部分学者指出生产性服务业对于构建本国企业主导的国家价值链具有重要作用（Francois and Woerz，2008；Thierstein et al.，2008；贾根良和刘书瀚，2012；刘志彪和张杰，2009）。

但学者们却还没有意识到生产性服务业所形成的网络组织对制造业价值链攀升的重要影响。在信息与互联网技术革命的推动下，高度发达的生产性服务业构建了领军企业主导的全球性生产网络，领军企业通过该生产网络来实现全球范围内的资源整合与市场开拓，进而维持其“链主”地位。

鉴于此，本章认为大力发展生产性服务业网络是打破价值链“低端固化”的关键，中国应该构建包括创新网络、金融网络、物流网络和营销网络在内的生产性服务业网络，在更广阔的空间范围内整合资源与开拓市场，进而实现本国企业向全球价值链高端拓展延伸，提升中国各地区在全球价值链上的位置。本章的创新之处在于：第一，从网络组织视角来分析生产性服务业促进制造业价值链攀升的作用机制；第二，用地区出口国内技术复杂度衡量中国各省份在全球价值链中的位置，研究省域价值链的变动规律；第三，采取空间计量分析的方法并构建多种空间权重矩阵，实证检验生产性服务业网络促进制造业价值链攀升的网络效应。该问题的研究对于国内企业向全球价值链高端演进，亦或打造本国企业主导的全球价值链具有重要的理论和实践意义。

5.2 生产性服务业促进价值链攀升的网络效应机制分析

参照 Hausmann、Hwang 和 Rodrik 等（2007）在分析出口技术水平的影响因素时所采用的“成本发现”模型分析框架，探讨生产性服务网络对价值链攀升的空间网络效应机制。

首先，假设一国制造业企业的生产函数为：

$$Y = AL^{\alpha}K^{\beta}N^{\gamma} \tag{5-1}$$

其中，L、K、N 分别表示劳动力、物资资本和自然资源，同时假设规模报酬不变，即 $\alpha+\beta+\gamma=1$。A 表示将这些要素组合起来进行生产的技术参数，A 越大，生产出的产品技术复杂度越高，从而越有可能提升企业在全球价值链中的位置。A 服从［0，h］上的一致均匀分布。h 为常数，代表一国的技术禀赋，h 越大，表明该国企业越能处于生产率前沿水平，并且，h 可看成知识投入组合和能够促进知识联结并提高知识使用效率的生产性服务业的综合。函数 $h=f(D,F,O)\times P(W_1,W_2)$，其中，$f$ 表示知识投入组合；D 为内部知识，如人力资本，研发能力、制造水平等；F 为外部知识，如 FDI，进口贸易等；O 为影响内部知识和外部知识积累的其他因素，对企业实现规模经济和创新水平的提高具有直接的促进作用，如外商投资、基础设施、制度环境、创新政策等。P 为生产性服务业，W_1 是以中间投入的形式直接嵌入企业生产过程的生产性服务业，是企业生产必需的投入要素，主要作用在于提升企业专业化水平，例如科技技术服务、企业内部物流、生产维修服务、非银行金融服务等；W_2 指对企业产品生产全过程具有外部相关性且独立经营的服务模块所组成的生产性服务业网络，其对企业整个生产体系在空间上协调和布局具有关键性地位，同时起到辅助、润滑和降低成本的作用，例如创新网络、金融网络、物流网络、营销网络等。

其次，确定企业生产率水平。依据 Hausmann 等（2007）的“成本发现”原理，每个企业都会选择具有高生产率水平的产品进行生产，所以，一国企业研发出新产品后，可以选择生产自己的产品，也可以选择模仿其他具有最高生产率水平的产品进行生产。

假定产品最高生产率水平为 $A^{\max}$，模仿效率为 θ，且 $0<\theta<1$，则当 $A_i<\theta A^{\max}$ 时，企业 i 选择模仿其他具有高生产率水平产品进行生产，当 $A_i\geqslant\theta A^{\max}$ 时，企业 i 选择生产自己的产品。

现假设共有 n 个企业，且 $E(A^{\max})=\dfrac{nh}{n+1}$，当 $n=1$，$E(A^{\max})=h/2$，当 $n\to\infty$ 时，$E(A^{\max})\to h$。则企业 i 选择模仿其他产品的概率和期望为：

$$prob(A_i<\theta A^{\max})=\frac{\theta n}{n+1} \tag{5-2}$$

$$E(A_i/A_i<\theta A^{\max})=h\frac{\theta n}{n+1} \tag{5-3}$$

同理企业 i 选择生产自己产品的概率和技术参数期望为：

$$prob(A_i \geqslant \theta A^{\max}) = 1 - \frac{\theta n}{n+1} \tag{5-4}$$

$$E(A_i / A_i \geqslant \theta A^{\max}) = \frac{1}{2} h \frac{\theta n}{n+1} \tag{5-5}$$

由此，可以得到出口部门技术参数 A 的期望值为：

$$E(A) = \frac{1}{2} h [(1 + (\frac{\theta n}{n+1})^2] \tag{5-6}$$

将（5－6）式代入（5－1）式得，一国制造业企业的生产率水平为：

$$\frac{E(Y)}{L} = \frac{1}{2} h [1 + (\frac{\theta n}{n+1})^2 (\frac{K}{L})(\frac{N}{L})] \tag{5-7}$$

其中，$h = f(D, F, O) \times P(W_1, W_2)$

最后，生产性服务业网络对制造业价值链攀升的网络效应机制分析。由式（5－7）可知，企业生产率水平的提高可以提升其在全球价值链中的位置，主要取决于从事新产品开发和成本发现的企业数量、人均资本、物质资本、自然资源、内部知识、外部知识，制度环境、创新政策、具有中间投入性质生产性服务业以及生产性服务业网络等。因此，生产性服务业网络可以影响一国或地区在全球价值链中的位置。本书认为生产性服务业对价值链攀升的网络效应主要体现在四个方面：

一是创新网络效应。由企业、大学、科研机构、政府、金融机构和用户等联系构成的创新网络，是企业在价值链上攀升的重要支撑。并且，企业整合、构建和重新配置其内外资源的能力是企业竞争优势的来源。信息技术、通信、交通物流、科技服务业等生产性服务业能够建立跨区域的空间网络，促进不同区域产学研的深度融合。此外，开放式创新强调动态信息的获取，创新的空间网络还能够形成柔性化的创新组织，能够通过及时响应，敏捷制造等方式提高企业的竞争力。

二是金融网络效应。金融支持是价值链攀升的重要保障。如何解决资本要素在不同空间的配置问题，是现代金融网络所要解决的重点问题之一。信息与互联网技术对金融资本配置的影响，已经深入到征信体系，融资渠道，风险控制等各个环节，出现了移动支付、P2P 信贷、众筹、比特币等新兴业务模式。这些互联网金融业务的出现，拓展了金融产业发展的深度和广度，通过在更广泛的空间范围内整合资源，满足企业的融资需求，进而推动企业在价值链上的攀升。

三是物流网络效应。价值链的攀升过程就是分工体系不断深化的过程，由科斯的内部一体化生产到企业内部的分散化生产，再到企业外部模块化生产，最终依靠生产性服务业联接这些模块，物流生产性服务业作用越来越重要。交通运输、仓储、邮政、信息传输、软件和信息技术服务业等生产性服务业是物流网络形成的重要元素。尤其在信息通讯技术，电子商务蓬勃发展的网络经济背景下，物流网络能够极大限度地实现货物的时空压缩，保证流通领域中商品供求的及时对接，进而实现价值链的攀升。

四是营销网络效应。营销网络是企业与顾客、供应商、分销商、经销商、代理商、股东、投资者、分析者等利益相关者建立的互惠互利的经济关系，主要由咨询、物流、广告、会展、销售、售后服务、信息、科技服务等生产性服务业形成。营销网络的建立对于企业在更广泛空间内采集市场信息、拓展销售渠道、建设具有国际化品牌的产品和专业化市场等方面发挥着重要作用。一方面营销网络可以汇集供给和需求，节省交易费用，另一方面，营销网络通过企业之间的空间联动，不断调整产品定位以便适应市场需求，提升其在全球价值链中的位置。

5.3 计量模型和变量选取

5.3.1 模型设定

本书采用空间计量模型研究生产性服务业网络促进制造业价值链攀升的网络效应。Anselin（1988）对空间计量经济模型进行了系统研究，将经典计量经济学中忽略的空间因素纳入模型中。空间计量模型的基本模型包括空间滞后模型（SLM 模型）、空间误差模型（SEM 模型）。借鉴 Cohen（2007）、魏下海（2010）学者们的研究思想，本书将空间滞后模型（SLM）设定如下：

$$Y_{it} = \beta_0 + \beta_1 Z_{it} + \beta_2 X_{it} + \rho \sum_j W_{ij} Y_{jt} + \varepsilon_{it} \tag{5-8}$$

其中，i,j 表示省份（空间单元），t 为时间，Y 为被解释变量，表示 i 省份 t 时刻的国内出口技术复杂度，即该省在全球价值链中的位置；Z 为各种控制变量，X 为解释变量，表示生产性服务业的增加值；β 为参数；W 为空间权重矩阵；生产性服务业对制造业价值链攀升的空间网络效应反映在系数 ρ 上，从式（5－8）可以看出，某一特定省份解释变量 X（生产性服务业）的变化会影响该省 Y（价值链）的变化，而该省 Y（价值链）的变化进一步通过空间权重矩阵将作用"迭加"到其他不同省份的价值链变动之上，即系数 ρ 综合反映了生产性服务业的网络效应。ε_{it} 为误差项，且 $\varepsilon_{it} \sim N[0,\sigma^2]$。

当误差项存在空间相关性时，须将模型设置成为空间误差模型（SEM）：

$$Y_{it} = \beta_0 + \beta_1 Z_{it} + \beta_2 X_{it} + \rho \sum_j W_{ij} \varepsilon_{jt} + \mu_{it} \tag{5-9}$$

其中，μ_{it} 为误差项，且 $\mu_{it} \sim N[0,\sigma^2]$。

本书将式（5－8）和式（5－9）中的空间权重矩阵 W 分别设置为邻近距离的空间权重矩阵，地理距离的空间权重矩阵和社会经济特征的空间权重矩阵，并且，在实际空间计量回归分析中需要将空间权重矩阵进行标准化处理。

1. 邻近距离空间权重矩阵

制造业价值链各个环节在地理上的分布具有依赖性，价值链的变动也是整个链条在空间上的联动，由于各个省份的相邻关系，使得价值链各个环节优先选择在邻近省份布局。因此我们设置地理邻近空间权重矩阵，即依据空间是否相邻来设定，i、j 表示不同省份，相邻区域被赋予"1"，否则被赋予"0"（Lesage，1999），该权重矩阵定义如下：

$$W_{ij} = \begin{cases} 1 & \text{当 } i \text{ 与 } j \text{ 相邻} \\ 0 & \text{当 } i \text{ 与 } j \text{ 不相邻} \end{cases} \tag{5-10}$$

2. 地理距离空间权重矩阵

当然，相邻关系并不能完全反应价值链活动的空间关联。比如北京只与天津、河北两省相邻，但是不能排除北京和其他省份的联系。因此，考虑距离更远的空间单元之间的关系，我们构造了地理距离空间权重矩阵式（5－11）。其中，d_{ij} 为省份 i 和省份 j 之间的地理距离，本书采用各个省份省会城市之间的直线欧氏距离来表示（Yu，2009）。这里的 d_{ij} 是指 i 省与 j 省的省会城市之间的距离（公路距离的算术平均数），定义如下：

$$W_{ij}=\begin{cases}\dfrac{1}{d_{ij}} & 当\ i\neq j\\ 0 & 当\ i=j\end{cases} \tag{5-11}$$

3. 经济特征空间权重矩阵

经济特征空间权重矩阵主要考察两个发达程度相近的经济区域，相比两个发展程度差距较大的区域，生产性服务业网络对制造业价值链攀升的网络效应哪一个更明显。本书依据两个省份人均收入水平差距的倒数来设定经济特征空间权重矩阵，两省之间收入差距越小，则经济水平越接近，因而赋予较大的权重数，反之则赋予较小的权重数（林光平等，2006），定义如下：

$$W_{ij}=\begin{cases}\dfrac{1}{|\overline{Y_i}-\overline{Y_j}|} & i\neq j\\ 0 & i=j\end{cases} \tag{5-12}$$

5.3.2　指标和变量说明

鉴于不同变量数据的科学性和可获得性，本书将不同指标数据的范围设定为涵盖 2002—2010 年中国 31 省份的面板数据。具体为：

1. 被解释变量：各地区在全球价值链上的地位 V－chain

一国或地区的出口产品技术复杂度可反映出该国和地区在全球价值链所处的地位（Rodrik，2006；邱斌等，2012）。Rodrik（2006）和 Hausmann 等（2007）对出口品技术复杂度进行了开拓性研究。在此基础上国内外学者对出口品技术复杂度进行了拓展研究（樊纲等，2006；Xu，2007；姚洋，张晔，2008；王永进等，2010；杜传忠等，2013）。多数学者指出对于出口技术复杂度测算时，尤其对于中国来讲，出口产品大多需要进口大量的中间投入品，如果不剔除中间投入品的价值，往往会造成高估出口品技术复杂度的统计假象（姚洋，张晔，2008；杜传忠等，2013）。

鉴于此，本书在 Hausmann 等（2007）的模型基础上，借鉴 Koopman 等（2008）和杜传忠等（2013）利用一国投入产出表计算垂直专业化程度方法，予以剔除掉出口品中进口中间投入的直接消耗和间接消耗，对中国各省份出口品国内技术复杂度进行测算：

首先，考虑到一般贸易和加工贸易在进口中间产品投入比例的不同，把投入产出表分离为一般贸易和加工贸易的投入产出表，计算中国各省 i 行业出口中国外部分消耗 $VSI_i=\dfrac{\mu A^{MD}(1-A^{MD})^{-1}(1-X^P)+\mu[A^{MD}(1-A^{DD})^{-1}A^{DP}+A^{MP}]X^P}{X}$，其中，$\mu$ 表示 $1\times n$ 维向量，X 为地区出口规模，X^P 为加工贸易出口，$1-X^P$ 为一般贸易出口，A^{MD} 表示用进口中间投入品生产国内销售产品和一般出口商品的消耗系数矩阵；A^{DD} 表示用国内中间投入品生产国内销售商品和一般出口商品的消耗系数矩阵；A^{DP} 表示国内中间投入品用于加工贸易出口商品生产的消耗系数矩阵；A^{MP} 表示用进口中间品生产加工贸易出口商品的消耗系数矩阵。

其次，计算中国各省份行业 i 的出口技术复杂度，$PRODY_i=\sum_c \dfrac{s_{ic}}{\sum_c s_{ic}}Y_c$，其中，$s_{ic}$ 为

c 地区的 i 行业出口商品比重，Y_c 是 c 地区人均 GDP，即行业 i 出口技术复杂度为各地区人均 GDP 加权重。

最后，计算中国各地区出口品国内技术复杂度 $EXPRODY_{ic} = \sum_i \frac{(1 - VSI_i)s_{ic}}{\sum_i(1 - VSI_i)\sum_c s_{ic}} \times (1 - VSI_i)PRODY_i$，反映中国各省国内出口技术复杂度在全球价值链中的地位。

关于行业选取，考虑到中国出口品 95% 来自工业制成品，本研究在工业行业中剔除掉具有垄断性质的煤气生产和供应业、电力蒸气热水生产和供应业，自来水生产和供应业三个行业，参照盛斌（2002）“基准分类和分类标准转换”原则，采用二分位行业代码，将中国投入产出表采用 GB 编码与海关数据库中贸易数据 HS 编码进行匹配，汇总并细分了 20 个制造业行业。关于投入产出表的选择，鉴于中国迄今为止最新的投入产出基本表只更新到 2007 年，本书的计算期间为 2002—2010 年，选取 2002 年和 2007 年两张投入产出基本表，以及 2005 年和 2010 年两张投入产出延长表，且只有 2007 年投入产出表分行业列出来料加工进出口调整数据，因此，本书依据 2007 年投入产出表中来料加工装备出口占全部贸易出口的比重计算其他年份投入产出表各行业垂直专业化分工程度，并且，对于没有投入产出表的年份用垂直专业分工的平均增长率近似计算得出。各地区贸易数据和各省人均 GDP 来自中国海关数据库、国研网和中国经济与社会发展统计数据库。

2. 核心解释变量：生产性服务业 P – services

按照国民经济行业分类（GB/4754 – 2011），生产性服务业主要包括：交通运输、仓储和邮电业，批发和零售业，信息传输、软件和信息技术服务业，金融业，租赁和商务服务业，科学研究和技术服务业，水利、环境和公共设施管理业，教育，卫生等，基于数据可获得性，本书采取从第三产业增加值剔除掉住宿和餐饮业、文化产业、房地产业、其他服务业增加值作为历年生产性服务业增加值。数据来自历年《中国第三产业统计年鉴》和中国经济与社会发展统计数据库。

3. 控制变量

（1）人力资本禀赋 Human（科技活动人员数）。由要素禀赋理论可知，人力资本禀赋相对丰裕的国家在人力资本密集型产品上拥有比较优势。同时，较高的人力资本水平能够降低工人的学习时间，提高技术采用速度，并有助于劳动分工的深化和生产效率的改善（Costinot，2009），因而有助于出口产品技术复杂度的提高。数据来自历年《中国科技统计年鉴》和中国经济与社会发展统计数据库。

（2）基础设施 Infra［公路里程（千米）/万人）］。便捷的公共基础设施能够为企业节约库存，有利于企业及时有效地调整生产要素，从而降低调整成本（王永进等，2010），完善的基础设施对于那些高复杂度产品的出口具有格外显著的促进作用，从而有助于提高地区在全球价值链上的位置。数据来自历年各省统计年鉴和中国经济与社会发展统计数据库。

（3）开放程度 Open［进出口总额（亿元）/GDP）］。通过参与国际贸易，企业能够通过引进技术，或者学习交流，提升自身的技术水平。因此，开放程度能够提升地区在全球价值链上的位置。数据来自历年各省统计年鉴和中国经济与社会发展统计数据库。

（4）制度因素 Institution（市场化指数）：制度条件是影响技术创新的重要因素（庞春，2008）。制度条件比较好的国家，其产权条件较好，因此有利于发明创新，提升出口产品技术复杂度。因此制度条件也可以提升各地区在全球价值链上的地位。（数据来源于樊纲和王小鲁编制的《中国各地区市场化指数》。）

（5）研发存量 R&D［研究与试验发展经费内部支出（万元）］：创新是向全球价值高端攀升的驱动力，研发经费投入的多少与企业能否创新成功密切相关。（数据来自历年各省统计年鉴和中国经济与社会发展统计数据库。）

5.4　结果分析

5.4.1　制造业价值链在全局空间的联动性检验

在分析生产性服务业网络对制造业价值链攀升的网络效应之前，有必要检验各省份制造业价值链在空间范围内的相关性。本书采用全局 *Moran's I* 指数来测度不同省份价值链变动是否具有全局性的空间联动性。*Moran's I* 指数是目前被学界广泛使用的用来检验空间相关性的指标[①]，且全局 *Moran's I* 指数的取值范围为 $-1 \leqslant I \leqslant 1$；当 $I<0$ 时为负相关，说明邻近省份价值链变动情况存在差异，且数值越接近于 -1 差异越大。当 $I>0$ 时为正相关，表明邻近省份价值链变动呈正相关性，且数值越接近于 +1 正相关性越强。当 $I=0$ 时为不相关，表示邻近省份价值链变动是随机的。对于 *Moran's I* 指数，用标准化统计量 *Z* 来检验 *Moran's I* 指数值是否显著，*P* 为显著性水平。如表 5 -1 所示，结果为：

表 5 -1　　全局 *Moran's I* 指数与显著性检验

年份	*Moran I* 指数	*Z* 值	*P* 值	年份	*Moran I* 指数	*Z* 值	*P* 值
2002	0.3055	2.33	0.002	2007	0.4765	2.05	0.004
2003	0.4192	2.15	0.006	2008	0.4331	2.31	0.003
2004	0.4192	1.65	0.009	2009	0.4115	2.05	0.004
2005	0.4568	1.88	0.008	2010	0.5699	2.33	0.002
2006	0.4863	2.15	0.006				

表 5 -1 显示 2002—2010 年的全局 *Moran's I* 指数均为正数，且 *Z* 统计量基本上全部大于 1.96，并且全部通过显著性检验（$P<0.01$），表示从全局来看中国各省份整体制造业价值链变动普遍存在着空间的相关性。

5.4.2　制造业价值链在局部空间的联动性检验

接下来，分析中国各省份内部制造业价值链联动情况。采用局域 *Moran's I* 指数并结合 *Moran* 散点图可以检验中国各省份制造业价值链在局部空间范围内的相关性和异质性。

Moran 散点图可以直观地反映局域 *Moran's I* 指数（如图 5 -1 和图 5 -2 所示）。其中第一象限为高—高型（HH），表示某省份制造业价值链为高值，并且被高值的价值链省份所包围；第二象限为低—高型（LH），表示某省份制造业价值链为低值，但被高值的价值链省份所包围；第三象限为低—低型（LL），表示某省份制造业价值链为低值，并且被低值的价

① *Moran's I* 指数是空间相关性分析较常用的指标，涉及全局 *Moran's I* 指数和局域 *Moran's I* 指数，可通过 Geoda 软件测得。具体关于 *Moran's I* 指数的计算公式和检验原则可参照（Anselin，1988），或相关空间计量分析文献。

值链省份所包围；第四象限为高—低型（HL），表示某省份制造业价值链为高值，但被低值的价值链省份所包围。并且，HH 型和 LL 型表示各省份价值链之间存在正的相关性，说明存在局部空间范围内的依赖性或集聚现象；LH 和 HL 表示各省份价值链之间存在负的自相关性，说明存在局部空间范围内的异质性或发散。同时，如果各省份价值链均匀分布在四个象限中，表明各省份制造业价值链不存在相关性。

如图 5 - 1 和图 5 - 2 所示，本书运用 Geoda 软件绘制了制造业价值链变动的局域 *Moran* 散点图，从 *Moran* 散点图来看，绝大多数省份分布在第一象限（HH 型）和第三象限（LL 型），说明中国各省份价值链在局部空间内同样具有空间依赖性和联动性。

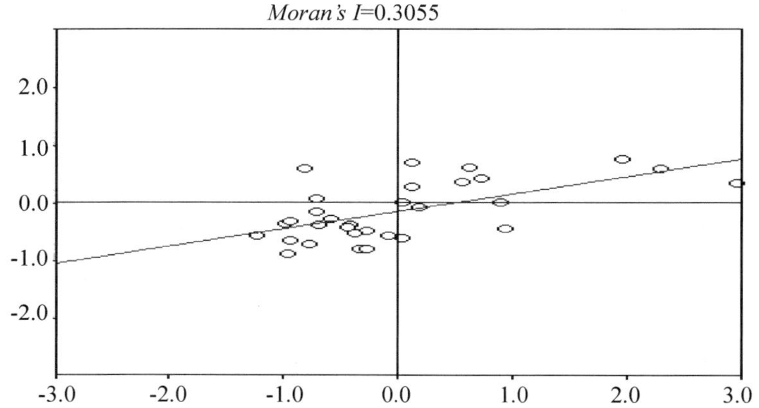

图 5 - 1　2002 年 *Moran* 散点图

如图 5 - 1 所示，在 2002 年，北京、上海、天津、辽宁，江苏、浙江、山东，广东等 8 个省市位于第一象限，对应于高—高（HH）类型，这说明这些省市的制造业价值链在空间范围内具有明显的正相关关系，且它们之间相互影响的变动速度最快，可以说这些省份制造业在全球价值链上位置的提升在空间上形成了一种相互强化的关系。新疆、甘肃，云南、贵州、广西、内蒙古、西藏、青海、吉林、湖北、黑龙江、河南、湖南、四川、陕西、安徽、江西等 17 个省份位于第三象限，是低—低（LL）类型，表示这些省份的制造业价值链属于弱弱联合，暗示这些省份的制造业在全球价值链上位置的变化在空间范围内形成了一种相互制约的关系。

如图 5 - 2 所示，截至 2010 年，北京、天津、河北、上海、江苏、浙江、福建、广东、湖南等 9 个省份位于第一象限，对应于高—高（HH）类型，表明随着全球生产组织形式的变化，中国各省域制造业价值链变动在空间范围内的变化局面有所改变，与 2002 年相比，制造业价值链呈强正向相关关系，并且在局部空间范围内相互强化的的省份数量有所增加，这也反映出中国制造业越来越融入全球网络化生产体系。

另外，从 2002—2010 年，中国不同省份制造业价值链相互强影响的变化也表明了中国内部区域经济一体化的不断加深。事实上，全球生产和组织的不断细化和空间分散，越来越要求位于全球价值链上不同位置或环节的企业、地区或国家加强彼此之间的合作关系，包括以网络或联盟形式在更广阔空间范围内尽可能地吸收高层次的资源，进行系统集成创新而增强自身竞争优势；或者以外包的形式将部分生产转移出去，集中精力发展自己在全球价值链中的优势环节，以此来掌控或协调更多资源。

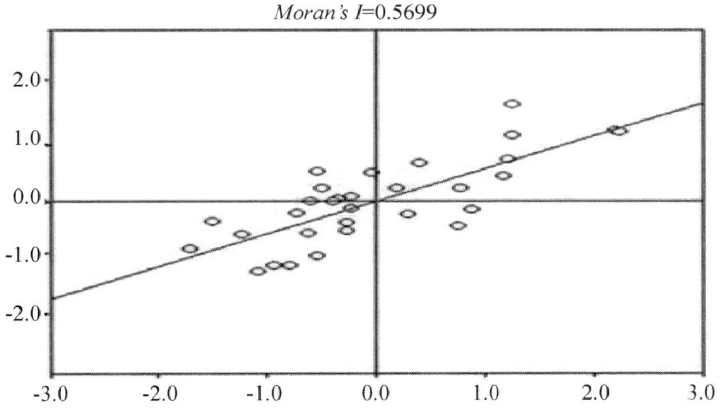

图 5－2　2010 年 *Moran* 散点图

还有，中国各省份制造业价值链相互强化的空间相关关系形成了以大城市为核心的区域联动，比如带动中国经济增长的京津冀、珠三角和长三角等三个经济带价值链之间的联动发展表现的更加明显，而同时，这些经济发达的经济圈往往正是生产性服务业的集聚区，可以说从某种程度上生产性服务业融通了中国制造业价值链的各个环节，并且生产性服务业网络规模的扩大使得中国制造业更深层地嵌入到全球价值链中，进而在一定程度上促进了中国制造业价值链的攀升。

截至 2010 年，新疆、西藏、贵州、广西、黑龙江、内蒙古、吉林、陕西、四川、青海、甘肃、云南等 12 个省份处于第三象限，属于低—低（LL）类型。与 2002 年相比，反映出这些经济发展水平相对落后的省份的制造业在全球价值链中的位置在局部空间范围内的变化规律没有发生改变，始终处于相互正的影响较弱的状态。这说明这些地区的制造业发展向全球价值链高端攀升存在一定困难，更进一步，这些地区很大程度上陷入了“低端制造业—低端服务业”的低端锁定循环，致使制造业价值链各个环节无法得到高级生产性服务业的有效融通和支持。

5.4.3　生产性服务业网络促进制造业价值链攀升的网络效应

由上面的分析可以得出，中国各个省份的制造业价值链变动存在着空间联动性，接下来，本书通过空间计量模型的回归分析来研究生产性服务业对制造业价制链攀升的网络效应。

为了便于比较，本书同时也进行普通面板数据的回归，为了判断面板数据的模型，需要进行 Hausman 检验，结果支持固定效应模型。事实上，当样本随机取自总体时，选择随机效应模型较为恰当，而当回归分析局限于一些特定个体时，则应选择固定效应模型（Baltagi, 2008）。可见，针对按中国各个省际区域划分的制造业价值链动态分析而言，固定效应模型显然是更好的选择。

另外，Geoda 软件只能处理截面数据，本书将数据划分成两个时间段（2002—2006 年，2007—2010 年），取平均数之后，分别进行空间计量的回归。由于事先无法判断模型变量之间存在何种空间相关关系，所以，本研究将所有模型的回归结果均列入表 5－2、表 5－3 和表 5－4 之中。整体上从不同计量模型的选择来看，各种模型的回归结果在回归系数的正负关系上并没有表现出明显的差异，这在一定程度上相互验证了不同计量模型选择的适用性。

并且，整体上来看，各个模型的拟合与检验结果显示，调整 R^2 值达到0.8以上，说明上述模型设定的变量能解释价值链变动的绝大部分。而且，F 统计量高度显著，说明系数不可能同时为0。

值得强调的是，本书着重关注空间权重项的系数 ρ，其在本书中反应了生产性服务业网络对制造业价值链攀升的网络效应。

1. 邻近距离维度的网络效应

如表5-2所示回归结果，除了对外开放对价值链的影响系数为负，模型的其他系数全部为正，同时，t 统计量的值表明回归系数具有高度的显著性。

在2002—2006年时间段，在SLM与SEM模型中，空间权重系数不是很显著，这说明中国各区域邻近省份之间的生产性服务业对中国各省份制造业在全球价值链上的攀升的网络效应还不是特别明显。这反映出，2006年以前中国整体生产性服务业发展水平较低，生产性服务业更多的是对制造业的直接作用，生产性服务业网络规模还不够强大，对相邻省份制造业价值链各个环节的链接的作用还不够显著。

但是，在2007—2010年时间段，在SLM与SEM模型中空间权重系数非常显著，说明生产性服务业对邻近省份之间各种资源、要素整合与市场开拓起到了积极的作用，整体上促进了中国制造业向全球价值链高端攀升。该结果支持了本书前面理论分析部分提出的生产性服务业对制造业价值链攀升具有显著的网络效应的推论。

表5-2　邻近距离空间权重矩阵的估计结果

解释变量	普通面板 OLS		SLM 模型 ML 估计		SEM 模型 ML 估计	
	2002—2006	2007—2010	2002—2006	2007—2010	2002—2006	2007—2010
P - services	0.42***	0.34***	0.57***	0.22***	0.68***	0.37***
	(4.52)	(2.94)	(3.17)	(5.33)	(4.81)	(2.99)
R&D	0.39***	0.17***	0.13***	0.58***	0.44***	0.21***
	(3.77)	(4.12)	(4.78)	(5.43)	(3.53)	(2.93)
Open	0.044	-0.005	-0.13***	-0.0034	0.16***	-0.0037
	(0.89)	(0.71)	(7.21)	(0.96)	(4.20)	(1.01)
Human	0.27***	0.013***	0.54***	0.097**	0.36***	0.056*
	(7.08)	(3.64)	(5.13)	(2.67)	(9.61)	(1.68)
Infra	0.036***	0.054***	0.0071***	0.043***	0.046***	0.006***
	(3.11)	(5.32)	(10.43)	(3.85)	(3.75)	(6.41)
Institution	0.063***	0.027	0.018***	0.056***	0.042***	0.052
	(3.48)	(1.87)	(4.88)	(6.87)	(3.75)	(1.75)
ρ			0.15	0.27***	0.36	0.16***
			(1.34)	(3.99)	(0.82)	(5.16)
Constant	0.032***	0.016***	0.095***	0.007***	0.092***	0.08***
	(7.38)	(5.29)	(4.43)	(2.79)	(5.90)	(3.78)
F 统计量	146	217	118	98	99	114
可调 R^2 值	0.78	0.79	0.79	0.82	0.91	0.83
观测值	31	31	31	31	31	31

注：() 内为 t 统计量；符号 ***、** 和 * 分别表示该变量通过1%、5%和10%的显著性水平。

邻近距离维度的空间计量分析结果表明，相邻区域的生产性服务业网络的发展对促进本地制造业价值链攀升产生了明显的促进作用。究其原因，本书认为，相邻的省份更倾向于进行区域经济合作，制造业价值链各个环节的选址通常更倾向于布局在相邻的省份。

2. 地理距离维度的网络效应

如表 5 - 3 所示回归结果，地理距离空间权重项的回归系数结果表明生产性服务业对制造业价值链的空间网络效应，在地理距离空间权重矩阵中得到了更进一步的反应，生产性服务业对于促进制造业价值链在空间的合理布局起到了积极的作用，这种空间上的链接随着地理距离的不断扩大而逐步的衰竭。

处在全球价值链不同位置的中国各省份在地理距离上表现出非常明显的空间相关性，即无论是 SLM 模型，还是 SEM 模型的回归系数均全部显著，空间权重项数分别为 0.22，0.16，0.37 和 0.28，这同时也说明中国各个省份的经济活动更加侧重于地理距离上的空间拓展，而且不只是局限于是否是相邻省份。

表 5 - 3　　地理距离空间权重矩阵的估计结果

解释变量	普通面板 OLS		SLM 模型 ML 估计		SEM 模型 ML 估计	
	2002—2006	2007—2010	2002—2006	2007—2010	2002—2006	2007—2010
P - services	0.42***	0.34***	0.44***	0.32***	0.51***	0.27***
	(4.52)	(2.94)	(4.16)	(6.13)	(3.41)	(5.09)
R&D	0.39***	0.17***	0.26***	0.58***	0.34***	0.67***
	(3.77)	(4.12)	(5.71)	(3.46)	(4.56)	(4.93)
Open	0.044	-0.005	-0.023***	-0.0034	0.15**	-0.026
	(0.89)	(0.71)	(4.22)	(0.36)	(2.12)	(0.09)
Human	0.27***	0.013***	0.33***	0.076**	0.36**	0.15
	(7.08)	(3.64)	(6.13)	(1.97)	(9.61)	(1.66)
Infra	0.036***	0.054***	0.023***	0.038***	0.076***	0.043***
	(3.11)	(5.32)	(18.11)	(7.83)	(2.79)	(3.48)
Institution	0.063***	0.027	0.058***	0.056*	0.049**	0.043
	(3.48)	(1.87)	(5.52)	(1.87)	(2.75)	(1.55)
ρ			0.22***	0.16***	0.37***	0.28**
			(7.34)	(4.95)	(4.99)	(7.12)
Constant	0.032***	0.016***	0.006***	0.053***	0.066***	0.076***
	(7.38)	(5.29)	(4.47)	(4.72)	(3.94)	(4.33)
F 统计量	146	217	118	98	99	114
可调 R^2 值	0.78	0.79	0.82	0.81	0.84	0.83
观测值	31	31	31	31	31	31

注：( ) 内为 t 统计量；符号 ***、** 和 * 分别表示该变量通过 1%、5% 和 10% 的显著性水平。

事实证明，地理位置并不相邻的地区，制造业价值链各环节的空间分布也是存在的。比如，发达国家占据价值链附加值高端环节，而欠发达国家则从事价值链低附加值生产活动。因此，分析生产性服务业网络在地理距离维度层面对制造业价值链的网络效应，与邻近距离维度层面相比，地理距离维度层面更能反映客观事实。

3. 经济特征维度的网络效应

如表5－4回归结果所示，经济特征空间权重项系数仍然显示出生产性服务业网络对制造业价值链攀升具有明显的网络效应，并且空间权重项回归系数比地理距离维度层面的回归系数要大。这表示其潜在的经济含义是，经济发展程度越相近，生产性服务业网络效应越突出，制造业价值链各个环节的空间联动效应越强，而不同地区的经济发展水平差距越大，生产性服务业网络效应越不显著，制造业价值链各个环节的联动效应越弱。这也在一定程度上说明中国制造业价值链攀升，不仅仅是依赖于区域间资源互补性的整合，而是更倾向于在发展程度相同的地区拓展市场。

表5－4　经济特征空间权重矩阵的估计结果

解释变量	普通面板 OLS		SLM 模型 ML 估计		SEM 模型 ML 估计	
	2002—2006	2007—2010	2002—2006	2007—2010	2002—2006	2007—2010
P－services	0.42***	0.34***	0.45***	0.37***	0.56***	0.34***
	(4.52)	(2.94)	(3.17)	(7.16)	(4.45)	(6.08)
R&D	0.39***	0.17***	0.28***	0.48***	0.37***	0.69***
	(3.77)	(4.12)	(3.78)	(5.32)	(5.51)	(5.96)
Open	0.044	－0.005	－0.093**	－0.0064	0.015**	－0.061
	(0.89)	(0.71)	(3.22)	(0.36)	(2.21)	(0.00)
Human	0.27***	0.013***	0.06***	0.036**	0.16***	0.27***
	(7.08)	(3.64)	(6.13)	(1.97)	(3.66)	(5.63)
Infra	0.036***	0.054***	0.027***	0.019***	0.058***	0.045***
	(3.11)	(5.32)	(7.25)	(3.84)	(2.91)	(3.58)
Institution	0.063***	0.027	0.058***	0.056*	0.049**	0.043
	(3.48)	(1.87)	(5.52)	(1.87)	(2.75)	(1.55)
ρ			0.59***	0.47***	0.73***	0.65**
			(4.36)	(5.91)	(3.97)	(6.18)
Constant	0.032***	0.016***	0.021***	0.052***	0.026***	0.074***
	(7.38)	(5.29)	(5.47)	(4.74)	(3.44)	(6.36)
F统计量	146	217	223	234	351	235
可调 R^2 值	0.78	0.79	0.85	0.87	0.86	0.84
观测值	31	31	31	31	31	31

注：( ) 内为 t 统计量；符号 ***、** 和 * 分别表示该变量通过1%、5%和10%的显著性水平。

与经济特征维度相比，生产性服务业网络在邻近距离维度和地理距离维度的网络效应更倾向于体现为融通制造业价值链的物流供应链网络效应，而经济特征维度的网络效应更加体现出创新网络效应、金融网络效应和营销网络效应。

换言之，经济发展水平不仅仅体现的是市场效应，还包括创新能力，技术水平、品牌与营销等的水平，经济特征维度的网络效应表明，生产性服务业网络在经济发展水平较高的地区之间通联性更大、网络效应更显著。中国制造业价值链攀升更倾向于整合专业化的资源，而不仅仅是建立上下游企业之间的配套联系。

5.5　结论与对策建议

本章以地区出口国内技术复杂度衡量中国各省份在全球价值链中的位置，基于 2002—2010 年中国 31 个省际面板数据，采用空间计量模型并设置多种空间权重矩阵，对生产性服务业所形成的空间网络与中国各地区在全球价值链上的位置变动进行实证研究。研究发现：

一是从全局来看中国各省份制造业价值链变动普遍存在着空间的相关性，从局部空间来看中国各省份制造业价值链相互强化的空间相关关系形成了以大城市为核心的区域联动，并且东部最强，西部最弱，同时，带动中国经济增长的京津冀、珠三角和长三角等三个经济带制造业价值链之间的联动发展表现得更加明显。

二是生产性服务业网络在邻近距离维度、地理距离维度、经济特征维度等层面对中国制造业价值链攀升具有明显的网络效应。

三是中国不同区域的制造业价值链在地理距离维度层面表现出更加明确的空间相关性，表明生产性服务业网络在地理距离维度的网络效应比邻近距离维度的网络效应更显著，即生产性服务业网络不仅能够促进本地区制造业向全球价值链高端攀升，而且还能够促进其他省份的制造业向全球价值链高端攀升。

四是经济特征权重矩阵计量模型的空间权重系数比地理距离权重矩阵计量模型的空间权重系数更大，说明经济发展程度越相近，生产性服务业网络效应越突出，制造业价值链各个环节的空间联动效应越强；经济发展水平差距越大，生产性服务业网络效应越不显著。

五是生产性服务业网络在邻近距离维度和地理距离维度的网络效应更倾向于体现为融通制造业价值链的物流供应链网络效应，而经济特征维度的网络效应更加体现出创新网络效应、金融网络效应和营销网络效应。

根据本书的研究结论，本书提出如下的政策建议：

第一，各区域的制造业价值链动态存在着空间上联动性，反映出经济运行存在着空间地理逻辑，这是市场经济规律的必然体现。因此，各地区要加强协同发展，通过加强顶层设计，完善产业发展的软硬基础设施，来助力制造业价值链各个环节在空间范围内合理布局。

第二，要以大力发展生产性服务业，构建制造业价值链分工的空间网络，包括创新网络、金融网络、物流网络和市场营销网络，以此来实现不同区域资源的进一步整合与更大范围内市场的统一，进而促进本国制造业价值链的攀升。

第三，经济特征维度的网络效应比地理距离维度的网络效应大，这说明当前中国制造业价值链攀升，而更倾向于在经济发展水平相近的地区拓展市场，企业更倾向于组建“强者俱乐部”，而不是“强弱配合”，区域资源互补性的整合还有相当大的利用空间，由此可以看出，中国制造业向全球价值链高端攀升的路径应该是首先培育出具有强大实力的“链主”，其次再寻求区域之间的产业配套。

5.6 本章小结

本章通过实证分析验证了生产性服务业网络促进制造业价值链攀升的网络效应，有效地支撑了本书理论分析的推论。本章在研究制造业价值链量化问题基础上，采用空间计量分析方法，实证检验生产性服务业对制造业价值链攀升的网络效应。具体设置邻近距离、地理距离，经济特征三种权重矩阵，从多个维度探讨了网络效应的大小，分析了不同生产性服务业网络效应的作用差异，以及不同时点网络效应的动态变化。该研究在一定程度上为生产性服务业网络的定量相关研究增添了新的内容。

第 6 章　生产性服务业网络促进制造业价值链攀升的案例研究

中国制造业要想实现向全球价值链高端攀升，归根结底要依靠价值链攀升的主体，也就是中国制造企业来完成。一方面，中国企业要不断提高自身专业化水平，增强自主研发创新能力；另一方面，更重要的是要创新发展企业组织管理模式，想方设法极大限度地在全球范围内拓展、整合、吸收国际先进技术和管理经验，寻找并构建一条自主、高效的提升自身竞争优势的价值链攀升路径。

那么，就当前全球经济发展模式来看，网络化已经成为当今世界经济的主旋律，尤其是生产性服务业网络对于制造业价值链攀升具有关键性地位。本章通过选取天津天堰科技股份有限公司为例进行案例研究，以此分析并评价制造企业如何通过构建包括创新网络、金融网络、物流网络、营销网络等在内的生产性服务业网络的具体行为表现，证明生产性服务业网络对制造企业向价值链高端攀升的重要影响，来支撑本书的理论分析和实证检验。

6.1　案例研究的企业基本情况分析

天津天堰科技有限责任公司是一家成功由价值链低端向高端攀升的制造企业，作者认为生产性服务业网络发挥了重要作用。本书通过 wind 数据库、企业网站和实际调查获得天津天堰科技有限公司的相关背景资料，并就本书的研究问题进行归纳、整理和综合分析如下：

6.1.1　天津天堰科技基本情况

经调查研究获悉，天津天堰科技股份有限公司成立于 2001 年，前身为“天津市天堰科技科技开发有限公司”，公司拥有员工 580 人，其中研发人员 172 名，是一家集医学教学产品研发、生产、销售于一体的综合型科技企业。

创业初期，企业创始人考虑到国内的医疗教育发展迅速，但用来教学的培训设备都要依靠进口，天堰科技开始开发第一代产品“心肺听诊模拟仪”，虽然在当时在国内也有一定的市场，但相比国外高端产品“智能化的模拟病人”，前者产品制造简单粗糙，技术含量低，附加值低，没有竞争优势。于是天堰科技创始人认为要想企业在同领域内占有一席之地，必须全方位改革技术和经营模式来推动企业向价值链高端攀升。经过 10 多年的努力，天堰科技从一家大学生创立的一个名不见经传的小企业，而今成为行业内的领头羊。2011 年总部入驻天津滨海高新区软件园，成为是天津市第一家研发和生产医疗教具的企业。公司主要以医疗教学产品研发和生产为主，其产品衍生了十二大系列（护理系列、临床系列、妇幼系列、康复系列、口腔系列、急救系列、虚拟医学系列、中医系列、多媒体软件系列、影像系列、解剖系列和动物医学系列），公司拥有近千种产品。该公司所有产品均自主研发，拥有全部知识产权，现已发展成国内医学教学虚拟现实技术与服务的设计者，医疗教学产品领域全国第一，全球第三的企业。公司产品在行业中属高端产品，在医学教育领域企业实现了90%的高端产品占有率，产品覆盖超90%的医学类院校和80%的三甲医院，包括协和医院、上海瑞金等，同时出口欧洲、亚洲、非洲、美洲等多国市场。企业于2014完成股份制改造，2014年营业收入2.4亿元。天堰科技于2015年7月在新三板上市。公司研发中心被认定为天津市企业技术中心并且是天津市中医工程与医学虚拟技术工程中心主要载体。随着国家住院医师规范化培训制度的实施，从2015—2020年新增市场空间超过125亿元，企业迎来加速发展的重大机遇。

目前，天堰科技正处在快速发展阶段。主要表现为一是销售收入快速增长。2014年公司签订销售合同6.8亿元，较2013年增长80%，并且连续5年年增长率超过50%。二是客户基础迅速扩大。随着国家对医教领域投资的快速增长，天堰的客户基础从全国3500家医学院校迅速向65000家医院拓展。截至2014年底，天堰的业务构成已经从以医学院校为主转变为医院业务占比达55%。三是自研产品和技术厚积薄发。公司多年来以年营业收入15%对研发进行高投入，公司的新产品和新技术数量开始呈现井喷的态势。目前尚未推向市场的研发储备项目高达400项，这些在研项目不仅以每年50%的速度快速增长，而且从基础的研发迅速向软件、虚拟技术、3D技术和系统集成等高端领域挺进。四是国际合作向纵深发展。国际医教设备和服务领域共有45家左右的公司，目前共有35家公司和天堰达成了战略合作协议，天堰在中国独家代理其产品并在研发和生产等领域展开深层次合作。天堰同时在大力拓展国际市场，已经在50个国家和地区建立代理商。随着更多国际化产品的推出，天堰的国际业务最终将占据公司业务的半壁江山。五是为持续快速发展而涉足新领域。为保证公司业务持续快速发展，公司开始涉足与医疗相关的更加广阔的市场。从2014年开始，天堰开始进入康复和医疗器械领域并与美国、意大利、瑞士等国多家国际一流康复和医疗器械公司展开合作。

6.1.2 立足通过商业模式创新谋求跨越式发展

一是并购及全球化战略。企业已与英国L&T公司、德国3B公司等与天堰公司在产品、技术、渠道等方面具有互补性的国际企业进行多轮接洽，计划通过对其并购来实现产品体系完善及行业专利池的建立，同时可以借助其成熟的全球销售网络，快速扩大企业全球市场份额，完成企业跨越式发展。公司计划在2015年完成对上述两家企业的并购，并在2016年完成对Smooth-On等两家上游企业的并购。并购的完成将为公司每年带来新增销售收入5—10亿元人民币。

二是互联网跨界融合战略。企业已经完成了基于云技术的医学培训数据服务中心以及基于移动互联技术的掌上教学平台的开发。通过该中心及掌上教学平台可以将全国的培训中心、智能化培训设备及受训者联系起来，为医学实训提供大数据服务及内容服务。2014年该平台已经拥有医院用户35家，个人用户58万人，实现收入1200万元。预计到2017年，将拥有超过1000家医院用户，超过300万个人用户，并将实现年销售额2亿元人民币。

三是拓展培训服务战略。企业已和美国哈佛大学医学院、匹兹堡大学医学院、美国模拟医学教学协会（SSH）等多家国际知名医学机构和组织完成谈判，计划将其培训课程及师资引入，并正积极推动与各地卫生计生委、相关医院合作建立社会化培训中心项目，以通过现代服务业加速企业发展。预计 2015 年将完成基于天津天堰、北京医院、上海瑞金医院和广州中山医院的四所由企业运行的社会化培训中心建设项目。

四是金融创新战略。为促进公司业务以几何级数增长，公司计划大力发展融资租赁业务并使其成为天堰获取住院医生培训等国家级项目主要份额的一个重要环节。

6.1.3　企业实现跨越式发展所需的支持及服务

一是为实现对海外及国内具有战略意义目标企业的并购，企业将发起设立 5 亿人民币规模的行业并购基金，基金由企业自筹 1 亿元人民币，面向社会筹资 1 亿元，希望政府投入 3 亿元。企业将在 2017 年 12 月 31 日前由天堰股份以原价外加同期存款利息的价格全额购买政府所持有的股份。另外，希望能够帮助基金获取金融租赁的牌照和资质。二是作为拓展在全国医教培训业务的重要环节，公司希望能与天津市卫生计生委联合建立社会化运营的培训中心，利用优质资源为全市医务人员提供培训服务并成为天津以及全国全科及住院医导师培训中心。三是天津市各大医院本身也是企业产品的重要客户，希望能帮助企业做好沟通协调工作，在之后的采购中优先选用天堰企业产品，为企业快速发展打牢基础。

综合对该公司基本情况、发展轨迹、未来发展战略及需要的相关支持和帮助等情况分析来看，恰好和本书研究的问题，即制造企业通过创新网络、金融网络、物流网络、营销网络等生产性服务业网络链接并实现向全球价值链高端攀升相吻合。本章通过挖掘生产性服务业网络对该企业向全球价值链高端攀升的具体行为，并通过德尔菲法综合评价生产性服务业网络对该公司成功由价值链低端向高端攀升的重要作用，进而更深入地验证本书的观点并期待更广泛的适用性。

6.2　构建生产性服务业网络促进制造业价值链攀升的具体行为表现

天堰科技是一家具有强大网络链接能力的典型企业。该企业通过构建有利于自身的创新网络，提升了自己的研发实力；通过构建金融网络，获取了强大资金支持，为企业发展扫平了障碍；通过构建国内外的营销网络，开拓了市场的新空间，增加了企业的利润，为企业的进一步发展奠定了基础；通过利用外部的物流网络，节约了成本，成功地整合了外部的人力、物力、财力和信息，进而走出国门。强大的网络链接是天堰科技不断发展壮大的关键法门，使得其从以低端研发制造为主，一跃成为知识密集的高新技术企业，占据价值链的高端，获取丰厚的利润。

6.2.1　企业构建创新网络的行为表现

天堰科技通过链接全国各地的高校和科研机构，建立深度融合的产学研合作的空间网络，支持自身在医学教学设备领域的科学研究，提升自身的研发能力，进而在该领域取得竞争优势，成功地向价值链高端延伸。目前，天堰科技与清华大学、天津医科大学、天津中医药大学、四川大学、华南理工大学、美国华盛顿大学护理学院、瑞典哥德堡大学医学院等高等院校科研机构开展合作（图 6 - 1）。

譬如，天津大学精仪学院的生物医学工程系、天津南开医院与天堰科技公司签署合作协议在南开医院成立联合医学影像实验室的三方产学研平台，为开展医学影像智能化诊断以及虚拟医学教学系统研发提供平台支持，目前天堰科技在医学影像智能化诊断以及虚拟医学教学系统国际领先。同时天堰科技还与多家国外医教企业建立了密切的研发合作业务联系，通过同行业企业的相互合作，进一步扩大公司国际影响力，提升公司行业内先进的技术研发水平和国内市场占有率。并且，该企业与中国科学院深圳先进技术研究院建立了长期的战略合作伙伴关系。通过中科院深圳先进技术研究院这一平台，将自身的研发需求和技术难题通过商业行为转嫁给中国顶级的科学家和工程师，寻求世界一流的技术。

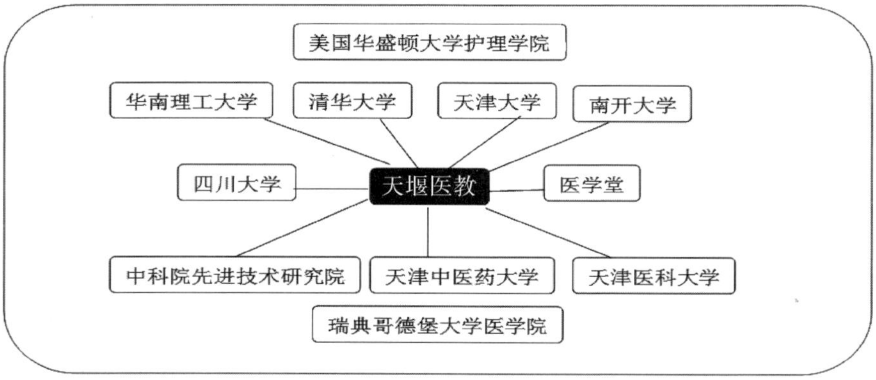

图 6-1　天堰科技创新网络简图

天堰科技已通过国家高新技术企业认证，软件企业认证，并被清华大学、天津中医药大学和华南理工大学列为研究生实习基地，共同加强医学教学领域的人才培养，克服公司人才短缺的问题。天堰科技还被天津市批准为（省）市级企业技术中心（业内独家）。

6.2.2　企业构建金融网络的行为表现

企业发展不可能脱离融资，充足的资金是企业发展的有力保障，但是当前我国中小企业无一不面临着融资难和融资贵的问题。而天堰科技积极链接全国各地的商业银行、创投机构、融资租赁机构、担保机构、证券公司等外部金融机构，并与这些金融机构建立广泛的金融服务网络，服务于企业发展生命周期的各个阶段。

在最初的创业阶段，天堰科技只能靠吸引风险资本进行融资，通过人脉关系的链接，天堰公司得到了数十家国内外创投公司的融资支持，共计得到了超过 10 亿元的风险资本的支持，这些资本分布在全国各地。根据天堰科技在 2014 年公布的股权公开转让说明书，天堰通过物联网创投融资 7 亿元，通过联创永沂融资 4000 万元，通过矩阵投资融资 2000 万元，通过千易投资融资 2000 万元，通过滨海创投融资 2 亿元，通过南通杉杉融资 1000 万元，通过上海杉联融资 1000 万元。

当企业度过创业的死亡谷，开始进入到高成长阶段，作为中小企业的天堰科技由于具有资产轻质化特征，企业难以获得商业银行贷款的支持，但是天堰科技在滨海高新区的帮助下，开展极具挑战的知识产权质押融资，将自己的 60 多项专利捆绑打包向银行进行知识产权质押融资，获得银行 1300 多万元的贷款，进一步缓解了企业在发展过程中的资金不足的问题，同时天堰也开创了银行评估、政府支持、担保机构担保的知识产权融资新模式，成功地链接到资金运作的各方，形成了有利于自身发展的关系网络。

2015 年，天堰医教实现在全国中小企业股份转让系统（简称“新三板”）成功挂牌，成为医学教育行业规模最大的新三板上市企业（证券简称“天堰科技”，股票代码：833047）。天堰医教通过市场行为，寻求到券商、会计师事务所、律师事务所等中介机构的支持，形成了支持企业上市融资的服务网络。

2016 年，天堰医教正在筹划申请融资租赁牌照，通过开展融资租赁业务，对客户“买产品”的同时，附加融资服务，进而提高产品销售量，扩大市场规模。待融资租赁牌照得到相关金融部门审批之后，天堰科技将会成立融资租赁公司。融资租赁公司将作为独立的负债平台，链接商业银行，信托机构，保理公司等进行资金的筹集以及应收账款的追讨，通过建立广泛的金融网络，实现企业竞争力的提升。

6.2.3 企业构建营销网络的行为表现

天堰科技现下设华北、华南、华东、西北、西南五大办事处，形成覆盖全国、反应迅速的营销与技术支持体系，同时天堰科技的产品打入欧洲、亚洲、非洲、美洲等世界多国市场，形成了覆盖全球的营销网络。天堰科技为建立起发达的营销网络，首先改变了销售模式，从原来的“直销为主，经销为辅”逐步转变为“经销为主、直销为辅”，经销网络日臻完善。

天堰科技通过收购国外相关公司，直接利用其发达的营销网络。天堰科技利用外国公司产品在当地的品牌度、销售网络，既能绕开贸易壁垒，又能降低成本，达到拓展海外市场，或进入以前没有进入过的国外市场。以早在 2000 年 10 月天堰科技就收购了英国的 3B 公司，2010 年 8 月又收购了德国 UAI 公司 48% 的股票，该公司已在美国纳斯达克交易所上市。天堰科技之所以收购这两家公司，就是看中这两家公司在当地长久积累起来的品牌和营销网络。天堰科技在 10 年时间里发生的几起并购，开创了天津市及至全国民营企业并购境外上市公司的先河，成功地通过海外并购打开了国外的市场。天堰科技在国外成立了两家子公司专门从事医学教育与培训用模型和模拟器的销售和服务，一家是 Simulative LLC，一家是斯曼中邦。

在国内，公司开始广泛地引入第三方参与天堰产品的销售。公司已与国内 1000 多家医学院校及绝大多数三级医院建立了良好的合作关系，形成庞大的营销网络。凭借如此强大的营销网络，公司目前已取得了超过 20 家国外先进医教企业产品在中国区域市场的销售代理权，占有国内医教行业大部分市场份额。天堰科技通过积极参与组织各种会议、举办技能大赛等方式，拓展市场，打开局面。天堰科技集团首次提出以“天堰杯”形式赞助医学行业、医学院校举办技能大赛，天堰科技集团提供比赛用品，技术服务、资金等支持，在医教行业取得良好效果并且不断壮大，截至 2014 年，天堰科技集团赞助省市级、国家级大赛共计 200 余届，天堰科技目前是各级医学类技能大赛的金牌赞助商和比赛产品提供商。“天堰杯”作为一种营销手段，成功的宣传使得越来越多的医学院和医院认识到天堰的产品和服务。

目前，天堰医教正积极开展 O2O（线上线下相结合）的网上业务，充分利用中国发达的网络平台，开拓国内国际的市场。目前企业正在与千帆互动、大宇宙、阿里巴巴，京东等多家国内外知名的电子商务企业合作，致力于公司产品的销售和推广。同时天堰医教正在致力于 VR 技术的应用和电商相互结合，将 VR 技术引入到医疗教学用品的展示和营销当中，最大限度地挖掘互联网营销的潜力。

6.2.4 企业构建物流网络的行为表现

近年来，天津和全国的现代物流业不断发展，为天堰科技与外界进行人员、货物、信息、资金等的互联互通带来了便利，为企业节约了交易的成本，成功地开拓了国内国外两个市场，充分利用了国内国外两种资源。现代物流服务业是支撑和促进人、财、物、信息等有效交换和流转的行业。主要包含三大系统，一是物流配送系统，包含公路、铁路、空运和海运等硬件支撑的货物运输。二是信息网络系统，包括信息高速公路、电子商务、信息平台。三是通关系统，包含海关监管、检验检疫、报税、跨境支付等对外贸易的管理系统。天津市在这三个方面不断取得提升，为天堰医教节约信息流、资金流、人流和物流的成本提供了坚实的基础。

天堰科技企业内部实施零库存、定制化和柔性化的服务战略，发达的物流业为其提供了有效的保障，通过发达的物流网络，天堰的货物可输送到全世界的任何角落。发达的物流网络极大地满足了信息、货物、资金的流通，天堰的货物可以零散地通过物流网络邮寄到客户手中。与此同时，在涉及到外汇管理、海关、商检、港务、货代等制度和程序，这些由于制度所产生的交易成本也在不断降低，促进了物流业的极大发展，为企业外贸进出口带来实惠。

6.3 企业构建生产性服务业网络促进制造业价值链攀升的行为评价

6.3.1 研究方法

德尔菲法是一种基于专家调查的定性预测方法，该方法由赫尔姆和达尔克在20世纪40年代首次提出。1964年，兰德公司首次将该方法运用到技术领域，后来随着新兴技术和交叉学科的发展，众多领域的复杂性问题很难用定量分析来度量，使得德尔菲法被广泛应用到军事、教育、医疗、经济等各个领域。德尔菲法致力于定性分析，主要依靠相关专家的经验对事物的发展进行预测和判断，具体操作可描述为主要通过以匿名调查形式对相关专家多次征求意见，并向专家反馈每次调查结果，如此循环反复致使不同专家判断趋于一致，并对调查结果利用定量统计分析的定性分析方法进行分析，该方法具有权威性、匿名性、反馈性、统计性、趋同性、专业性和科学性等特点。

德尔菲法的操作的一般步骤包括预测小组的组建、权威专家的选择、调查问卷的设计、调查的实施、意见反馈的汇总等程序。具体为：

预测小组的组建：设定预测主题、调查工作的制定、问卷回收、预测调查问卷、对专家反馈结果进行整理、统计分析等，一般不超过20人。

权威专家的选择：一方面要求选择和调查主体相关的权威专家以保证专业性；另一方面要求选择的专家要敬业，能够从头到尾能够认真完成调查反馈。

调查问卷的设计与实施。一是要介绍调查研究的背景、目的和意义，并对德尔菲法做简要说明，让专家有个初步的认识；二是设计问题及调表说明，并且问题需简短精炼；三是为了客观准确，任何人不得把个人主观意见列入调查表中；四是第一轮问卷可以设置一些开放性问题，主要为了能够让专家提出自己的意见和补充；五是对第一轮的反馈结果进行整理、统计分析，一般包括“最大值、中位数、上四分位数、下四分位数法”“平均值法”“主观概率法”“非量化的统计方法”等；六是将首轮结果和第二轮调查问卷一起送给专家，并对首轮结果定量分析指标进行说明，以便专家结合首轮结果调整自己的判断。七是，如此多次反复收集并反馈专家信息，直到统计结果趋同，一般 3—4 次即可。

6.3.2　实施应用

1. 预测小组的组建

在导师的带领下，组建“生产性服务业网络评估”预测小组，用德尔菲法评估生产性服务业网络在天堰科技向价值链高端攀升过程中发挥的作用，小组成员主要负责调查问卷的设计（附表 A）、专家选择、预测调查问卷、对专家反馈结果进行整理、统计分析（附表 B）等系列流程。

2. 专家的选择

本次调查共邀请 8 名资深专家，其中 4 名来自企业，2 名来自研究所，2 名为高校教授。这些专家都具备丰富的专业知识和工作经验，熟悉生产性服务业网络，了解宏观经济和天堰科技的基本情况，并能够独立充分地表明自己意见。专家的选择保证了调查的权威性，使预见结果具有一定的参考价值。

3. 问卷设计

本次调查问卷的设计主要内容是生产性服务业网络在天堰科技向价值链高端攀升过程中发挥的作用。生产性服务业网络对制造业向价值链高端攀升过程中发挥的作用主要体现在：降低了交易成本、提高了专业化水平、提高了产品生产率、扩大了品牌效应、提高了自主创新水平、整合了外部资源、拓展了新的市场、引入了全新的服务、开发了全新的技术、实现了产品或服务升级、巩固了现有市场。问卷分别对创新网络、金融网络、营销网络、物流网络在其中发挥的作用进行评估。

表 6－1　生产性服务业网络的评价结果

专家编号	第一次	第一次	第一次	第一次	第二次	第二次	第二次	第二次	第三次	第三次	第三次	第三次
	创新网络	金融网络	物流网络	营销网络	创新网络	金融网络	物流网络	营销网络	创新网络	金融网络	物流网络	营销网络
1	3.90	4.00	3.72	4.18	4.72	4.27	3.27	3.72	4.72	4.18	3.18	3.64
2	4.00	4.18	3.64	4.00	4.27	4.00	2.90	3.54	4.18	4.00	2.90	3.72
3	4.18	4.54	3.45	4.09	4.36	4.18	3.27	3.27	4.36	4.27	3.27	3.45
4	3.72	4.45	3.54	3.9	4.27	4.09	3.18	3.18	4.27	4.18	3.18	3.27
5	3.81	4.27	3.72	3.81	4.45	4.27	3.00	3.63	4.63	4.09	3.09	3.72
6	4.00	4.00	3.36	4.27	4.36	3.72	3.09	3.18	4.45	4.09	3.13	3.27
7	3.63	4.27	3.18	4.00	4.54	3.81	3.27	3.45	4.55	3.81	3.00	3.54
8	3.54	4.36	3.27	3.81	4.45	3.90	2.81	3.27	4.36	3.90	2.90	3.18
平均值	3.85	4.26	3.49	4.01	4.43	4.03	3.10	3.41	4.44	4.07	3.08	3.47

具体指标体系的说明是，专家对生产性服务业网络促进制造业价值链攀升的重要程度的评估划分为：「非常重要」5 分、「重要」4 分、「一般」3 分、「不重要」2 分、「非常不重要」1 分，分别对应对在天堰医教向价值链高端攀升过程中发挥的作用影响至关重要；对天堰医教向价值链高端攀升过程中发挥的作用具有重大影响；对天堰医教向价值链高端攀升过程中发挥的作用具有一定影响；对天堰医教向价值链高端攀升过程中发挥的作用影响甚微；对天堰医教向价值链高端攀升过程中发挥的作用几乎没有影响。

4. 调查结果

8 位专家提出个人判断，经过三次反馈，按照 8 位专家判断的平均值，第二次和第三次调查结果趋于一致。专家认为在天堰科技向价值链高端攀升过程中发挥的作用大小依次为创新网络、金融网络、营销网络、物流网络。因此在天堰医教向价值链高端攀升过程中发挥的作用最大的是创新网络，其次为金融网络和营销网络，而物流网络作用相对较小（表 6－1）。

6.3.3　结果分析

通过对调查结果可知，生产性服务业网络对企业向价值链高端攀升发挥着重要作用（图 6－2）。具体为：

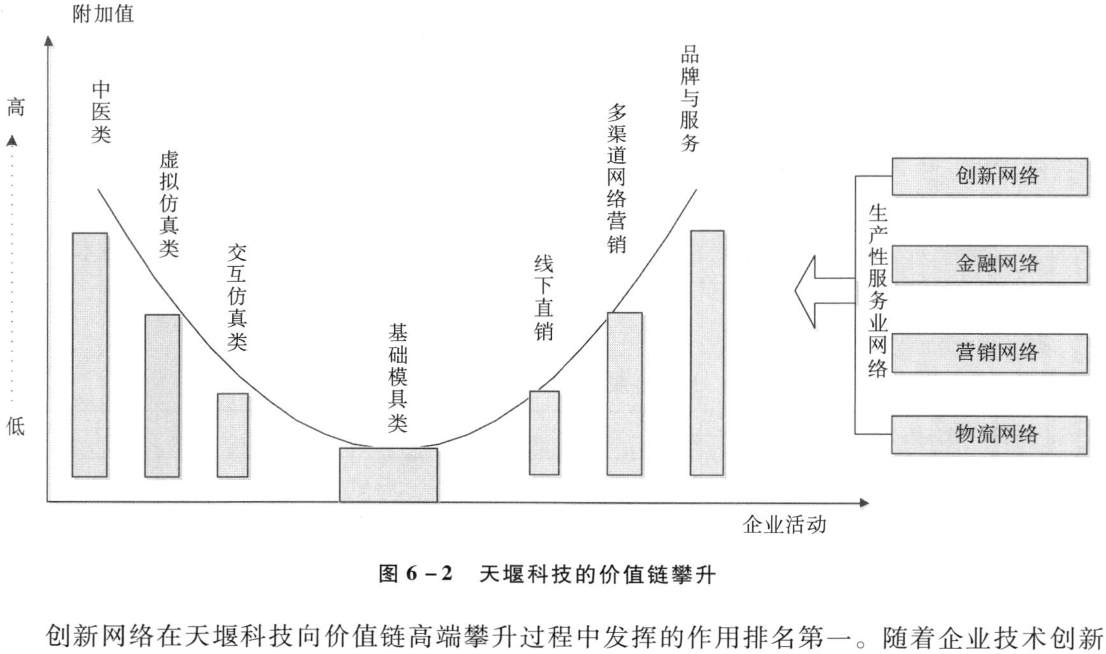

图 6－2　天堰科技的价值链攀升

创新网络在天堰科技向价值链高端攀升过程中发挥的作用排名第一。随着企业技术创新的难度与风险越来越大，迫切需要高校和研究所提供必要的帮助。产学研合作创新已成为技术创新的重要方式之一，构建的创新网络，成为了企业成长过程中一种重要的模式和策略。并且，企业整合、构建和重新配置其内外资源的能力是企业竞争优势的来源。信息技术、通信、交通物流，科技服务业等生产性服务业能够建立跨区域的空间网络，促进不同区域产学研的深度融合。此外，开放式创新强调动态信息的获取，创新的空间网络还能够形成柔性化的创新组织，能够通过及时响应，敏捷制造等方式提高企业的竞争力。

根据对天堰科技高层管理人员的调研，创新网络成为其在价值链攀升过程中最重要的一种生产性服务业网络。可见，在像天堰科技这样有跃升潜力的中小型企业而言，面对国外强大的竞争对手，利用外部研发资源，壮大自身的创新能力是最重要的举措。天堰科技利用创新网络，凭借资源共享、协同创新的优势，有效地资源整合外部的科研力量，进而实现产品、技术和服务的升级，为自身取得竞争优势奠定了坚实的基础。

金融网络在天堰科技向价值链高端攀升过程中发挥的作用排名第二。技术和服务是企业竞争优势最为核心和最为直接的体现。企业家围绕市场需求，立足自身对产品和服务的深刻认识来发展企业，在这个过程中资金的重要性不言而喻。金融支持是制造业价值链攀升的重要保障。如何解决资本要素在不同空间的配置问题，是现代金融网络所要解决的重点问题之一。金融网络拓展了金融产业发展的深度和广度，在更广泛的空间范围内满足了企业的融资需求，进而推动企业向全球价值链高端攀升。

根据对天堰科技高层管理人员的调研，天堰医教充分构建了自身的信用基础，在集聚金融服务资源、完善技术资本对接机制、科技金融产品创新等方面开展了很多实践，针对企业在不同发展阶段的多元化的有效融资需求，通过不同融资模式，积极链接外部的金融机构，最终实现了资金获取的目的，有效地支撑了企业的快速发展，实现了企业在全球价值链上地位的转换。

营销网络在天堰科技向价值链高端攀升过程中发挥的作用排名第三。长期以来，我国的制造业企业一直以代工或贴牌生产的模式，处于全球价值链的低端，一个重要的原因就是没有自己的品牌和自己的市场。一个发达的营销网络是企业成功做大做强的关键。营销网络是企业与顾客、供应商、分销商、经销商、代理商、股东、投资者、分析者等利益相关者建立的互惠互利的经济关系，主要由咨询、物流、广告、会展、销售、售后服务、信息、科技服务等生产性服务业形成。营销网络的建立对于企业在更广泛空间内采集市场信息、拓展销售渠道、建设具有国际化品牌的产品和专业化市场等方面发挥着重要作用。一方面营销网络可以汇集供给和需求，节省交易费用，另一方面，营销网络通过企业之间的空间联动，不断调整产品定位以便适应市场需求，提升其在全球价值链中的位置。

根据对天堰科技高层管理人员的调研，发达的营销网络在天堰医教转型升级的过程中，发挥了不容忽视的作用。天堰科技通过海外收购等措施，扩大营销网络，使得天堰科技能够充分利用国内国外两个市场，当一项新技术或新服务问世之后，通过两个市场能够获取丰厚的利润回报。

物流网络在天堰科技向价值链高端攀升过程中发挥的作用排名第四。交通运输、仓储、邮政、信息传输、软件和信息技术服务业等生产性服务业是物流网络形成的重要元素。尤其在信息通信技术，电子商务蓬勃发展的网络经济背景下，物流网络能够极大限度的实现货物的时空压缩，保证流通领域中商品供求的及时对接，进而实现制造业价值链的攀升。

相比创新网络、金融网络和营销网络，物流网络的重要性相对下降，这与传统的国际贸易理论重视运输成本的看法相左。传统的国际贸易理论认为，贸易的发生很大程度上是由于物流运输成本的降低，当贸易发生之后，就能促进分工，提升劳动生产率。然而，近年来由于国内物流运输业和国际航运业的迅猛发展，使得交通运输成本不再是制约企业向全世界销售产品的关键因素，尤其对于一些高新技术企业和知识密集型服务业。因此，根据对天堰科技高层管理人员的调研，物流网络在天堰科技向价值链高端攀升过程中发挥的作用显得相对不是那么重要。

综上，可以看出，企业是企业家的企业，不是技术工程师的企业。企业的运作核心是企业家对产品技术服务等市场因素的判断和市场风险的承担，是企业家围绕研发生产销售所展开的内部组织活动，以及企业家在此基础之上链接的研发、金融、营销和物流的生产性服务业网络。通过对天堰科技这一典型企业上述四种网络重要的调研可以知道，产品研发、资金支持，市场营销、物流网络是企业在价值链上攀升的关键，构建的网络越发达，企业在价值链上的攀升就越成功。

6.4 本章小结

本章以天堰科技股份有限公司为例，较详细地分析该企业由价值链低端成功向价值链高端跃进的经营模式。识别出企业通过构建创新网络、金融网络、营销网络、物流网络等生产服务业网络对企业价值链攀升的具体行为表现，并运用德尔菲法对生产性服务业网络对制造业价值链攀升影响的行为进行评价，得出生产性服务业网络对于制造企业的资源整合、系统集成创新、市场开拓等方面发展着重要作用。而且生产性服务业网络中的创新网络、金融网络、营销网络、物流网络等对于天堰科技的影响程度不同。

第7章　结论与展望

7.1　研究结论

本书综合理论分析和实践检验研究了生产性服务业网络对制造业价值链攀升的影响。本书从全球经济网络化、世界制造业发展变幻莫测以及中国制造业处于全球价值链中低端且攀升困难的背景出发，在文献研究的基础上，首先，整体分析了中国制造业价值链攀升面临的产业发展现状、面临的困难及原因，并提出发展生产性服务业网络的重要意义；其次，运用以专业化和分工为基础的新兴古典经济的一般均衡和超边际分析方法研究了生产性服务业网络对制造业价值链攀升影响的微观机理；再次，通过空间计量分析验证了生产性服务业网络对制造业价值链攀升的网络效应；最后，通过现实的案例分析研究生产性服务业网络对制造业价值链攀升影响的具体行为表现，进一步支撑了本书的理论分析和实证检验。本书的主要结论为：

一是生产性服务业网络对制造业价值链攀升的作用存在内在的逻辑。

通过研究生产性服务业网络对制造业价值链攀升影响微观机理，探明了专业化生产、区域的外生比较优势、交易效率是价值链内生产性服务环节与制造环节分离与分立的动力来源；具有生产性服务性质的企业是全球价值链的掌控者；围绕制造业价值链不同增值环节生产性服务企业之间相互交互形成生产性服务业网络；生产性服务业网络通过提高区域交易效率、提升人均收入水平及生产率水平等促进制造业价值链攀升。进而，生产性服务业网络对制造业价值链攀升的作用存在内在的逻辑。

二是生产性服务业网络对制造业价值链攀升具有显著的网络效应。

通过空间计量分析方法验证生产性服务业网络对制造业价值链攀升的网络效应的存在。

首先，从全局来看中国各省域制造业价值链变动普遍存在着空间的相关性，从局部空间来看中国各省份制造业价值链相互强化的空间相关关系形成了以大城市为核心的区域联动，并且东部最强，西部最弱，同时，带动中国经济增长的京津冀、珠三角和长三角等三个经济带制造业价值链之间的联动发展表现得更加明显。

其次，生产性服务业网络在邻近距离维度、地理距离维度、经济特征维度等层面对中国制造业价值链攀升具有明显的网络效应。

再次，中国不同区域的制造业价值链在地理距离维度层面表现出更加明确的空间相关性，表明生产性服务业网络在地理距离维度的网络效应比邻近距离维度的网络效应更显著，即生产性服务业网络不仅能够促进本地区制造业向全球价值链高端攀升，而且还能够促进其他省份的制造业向全球价值链高端攀升。

此外，经济特征权重矩阵计量模型的空间权重系数比地理距离权重矩阵计量模型的空间权重系数更大，说明经济发展程度越相近，生产性服务业网络效应越突出，制造业价值链各个环节的空间联动效应越强；经济发展水平差距越大，生产性服务业网络效应越不显著。

最后，生产性服务业网络在邻近距离维度和地理距离维度的网络效应更倾向于体现为融通制造业价值链的物流供应链网络效应，而经济特征维度的网络效应更加体现出创新网络效应、金融网络效应和营销网络效应。

三是制造企业通过构建生产性服务业网络向价值链高端攀升得到证实。

通过研究生产性服务业网络对制造业价值链攀升的具体行为表现，探明企业构建创新网络、金融网络、物流网络、营销网络等生产性服务业网络可以有效地链接到全球生产体系并实现向全球价值链高端跃进。不同的生产性服务业网络对不同企业以及企业发展不同阶段作用不同。

7.2 政策建议

从价值链的角度分析来看，专业化水平的不断提高和分工的逐渐深化使企业的生产活动被“切割”为不同阶段或工序，研发、设计、金融、物流、营销等生产性服务环节从原来大型制造企业中分离出来并形成网络化链接，表现为不同类型的企业在企业内部和企业之间在地理空间范围内由于正式的和非正式的合作形成错综复杂的网络组织，可以认为这种网络组织由生产性服务业网络和生产网络嵌套而成。这种全球生产网络其实是在信息技术的推动下由于分工深化所形成的，并成为未来世界经济增长的中长期发展框架。而且，生产性服务业网络具有关键性地位。主要因为：

首先，生产性服务业是为生产其他产品或服务提供中间投入的具有知识性强、创新活跃、产业融合度高、带动作用显著等特点的产业，其融通生产的全过程；其次，生产性服务业相对制造业而言组织关联互补性大，组织创新更容易在产业内和产业间扩散；再次，正是由于生产性服务业发展所形成的创新网络、金融网络、物流网络、营销网络等生产性服务业网络实现了分工网络中知识流、物流、资金流、信息流的传递；还有，如果说当今世界经济的中枢神经系统是领军企业所掌控的全球价值链的话，那么这些领军企业往往具有生产性服务性质，因为生产性服务业占据价值链的高端位置，是主要价值增长点。生产性服务业网络一方面为企业链接到全球生产网络打开了通道，另一方面其对于企业实现价值获取范围扩大、交易效率提高快速、知识信息传递便利、敏捷制造和持续创新等具有显著的网络效应，进而有助于加速实现企业向全球价值链高端演进。

从本书的研究结论来看，生产性服务业网络全方位立体化支撑制造业价值链攀升。其中隐含的政策建议也是非常丰富的。具体为：

第一，大力发展生产性服务业网络，创新产业组织形式及企业经营模式。

我国生产性服务业发展相对滞后，目前大多是通过外部进口先进的生产者服务来满足国内不断上升的高端生产性服务要素需求。从全球生产供应链布局来看，跨国公司在全球范围内进行最优化的生产布局，将产业链延伸到各个角落。中国制造业应自下而上的变革经营理念和组织模式，通过大力发展包括创新网络、金融网络、物流网络和市场营销网络等在内的生产服务业网络，来实现不同区域资源的进一步整合与更大范围内市场的统一，进而促进本国制造业价值链的提升。

第二，提高制度效率，充分发挥生产性服务业网络的作用。

制度效率通过影响分工网络、专业化水平来影响人均收入和产品生产率，进而影响价值链攀升。服务业企业和制造业企业之间的合作，具有高交易成本和高风险的特点，因此良好的制度环境，包含契约环境，法制环境等对于生产性服务业网络发挥作用是非常重要的。

第三，坚持依托本土制造业集群创新驱动式发展路径。

生产性服务业根植于制造业，生产性服务业发展离不开制造业，为制造业服务是其根本使命。中国具有巨大的国内市场，而且号称世界“制造大国”，抓住目前制造业转型升级和发展战略性新兴产业的契机，依托中国本土制造业集聚发展特征，凭借其规模优势和集聚外溢效应，大力发展与之转型升级相适应的高级生产性服务业集聚区，为中国发展生产性服务业网络促进制造业价值链攀升奠定坚实基础。

第四，“引进来”与“走出去”相结合。

一方面，加大 FDI 高端生产性服务企业引进力度，引导中国本土企业与 FDI 生产性服务企业建立服务产业链，接受它们的相关培训或直接承接部分服务分工，不断学习积累先进的商业运作模式和服务流程设计经验，通过干中学逐步提高自主创新能力，增加自身在全球生产网络中对标准的控制权和话语权，进而促进整个行业更大范围更高程度地嵌入全球生产网络，不断向全球价值链高端迈进。另一方面，对于服务水平已经达到国际标准的中国生产性服务企业，应该积极走出去，通过对外投资或离岸生产在全球范围内进行资源整合与市场开拓，进一步提高其国际化水平和全球竞争力。

第五，掌控网络模块化接口标准。

当今世界产业发展范式是无论制造业还是生产性服务业，凭借各自不同的比较优势进行模块化生产，并通过自身的优势模块嵌入全球价值链或全球生产网络，进而实现各模块的规模经济。生产性服务业通过限定网络间相互联通的模块化接口标准、划清网络组织的边界、提供网络成员之间价值分割的框架、决定网络中的价值流向来实现对全球价值链的控制权和分配权。所以，构建生产性服务业网络促进制造业价值链攀升，掌控网络之间模块化接口标准至关重要。

第六，加强企业嵌入全球价值链的机制建设。

政府应该重视生产性公共服务平台的建设，建立企业嵌入到生产性服务业网络的链接机制。通过建设科技孵化创业中心、科技大市场、产学研对接平台，科技金融平台，共性技术攻关平台，物流信息平台，创新孵化平台等，方便生产性服务企业和制造业企业进行对接。为制造业和相关产业发展提供研发设计、科技服务、现代物流、商务咨询、投融资、市场营销（含电子商务）、检验检测、软件服务等内容的专业服务，有效推动了生产性服务业与先进制造业的协同发展。

第七，促进区域协同发展。

各区域的价值链动态存在着空间上联动性，反映出经济运行存在着空间地理逻辑，这是市场经济规律的必然体现。因此，各地区要加强协同发展，通过加强顶层设计，完善产业发展的配套环境，助力价值链各个环节在空间的合理布局。

第八，培育本国企业主导的全球价值链。

经济特征权重矩阵模型的空间效应比地理距离模型大，这说明了当前中国企业在价值链上的攀升，而更倾向于在经济发展水平相近的地区拓展市场，说明企业更倾向于组建“强者俱乐部”，而不是“强弱配合”，区域资源互补性的整合还有相当大利用空间，由此可以看出，中国制造业向全球价值链高端攀升的路径选择应该是首先培育出有强大实力的“链主”，其次再寻求区域之间的产业配套。

7.3　研究的局限与展望

本书初步从网络组织模式创新的视角研究了生产性服务网络对制造业价值链攀升的影响，尽管取得了一定成果，但还存在诸多不足之处，本书对其进行归纳并展望：

一是本书主要研究了分工深化过程中生产性服务业网络对制造业价值链攀升影响的关系及效应，对生产性服务业网络内部结构的详细分析不够，是本书后续研究的重点。

二是针对生产性服务业网络对制造业价值链攀升影响的微观机理的研究，主要考察了生产性服务业网络、价值链攀升与生交易费用的关系，即文中的“$1-k$”是像运输成本、储藏费用、税收、进行交易时的各种费用、交货不及时的费用等，这些交易费用是在决策前就能够看出来的外生的交易费用。而内生的交易费用是在决策前不能够看出来的，是人们争夺交易好处时产生的福利损失，如何通过制度安排降低内生交易费用需要通过对策论来进行深一层次的研究。

三是本书的研究问题交叉学科性质很强，数据的获得具有一定的难度，比如制造业价值链的定量研究、生产性服务业内部不同区域的各行业数据的获得需要较为完备的大数据来支持。本书在能力范围内验证生产性服务业网络对制造业价值链攀升的网络效应，今后有待于用更加丰富的数据从多角度对该问题进行实证分析。

四是案例研究中选取的个别企业比较单一，具有典型性，但对于普遍适用性缺乏大样本的支撑，后续研究应尽可能地选取不同区域、不同类型、不同时点的企业深入调查访谈来进行研究。

参考文献

［1］ Gereffi G, Humphrey J, Sturgeon T. The governance of global value chains ［J］. Review of international political economy, 2005, 12 (1): 78 – 104.

［2］ 李晓华. 产业组织的垂直解体与网络化［J］. 中国工业经济, 2005 (7): 28 – 35.

［3］ 张瑞, 刘书瀚, 吴绍玉, 蒙大斌. 生产性服务业网络: 新常态中国产业发展的新动力［J］. 宏观经济管理, 2016 (6): 60 – 65.

［4］ 陈爱贞. 全球竞争下装备制造业技术创新路径: 基于分工网络视角分析［J］. 南京大学学报 (哲学·人文科学·社会科学版), 2013, 50 (3): 15 – 24.

［5］ 陈爱贞, 刘志彪, 吴福象. 下游动态技术引进对装备制造业升级的市场约束［J］. 管理世界, 2008, (2): 72 – 81.

［6］ Guerrieri P, Meliciani V. Technology and international competitiveness: the interdependence between manufacturing and producer services ［J］. Structural Change and Economic Dynamics, 2005, 16 (4): 489 – 502.

［7］ 格鲁伯, 沃克, 陈彪如. 服务业的增长: 原因与影响［M］. 上海: 上海三联书店, 1993.

［8］ Smith A. The wealth of nations ［J］. New York: The Modern Library, 1776.

［9］ 大卫·李嘉图. 政治经济学及赋税原理［M］. 北京: 商务印书馆, 1976 年版, 2005.

［10］ James R. Melvin, 陈雪, 陈林琳. 生产者服务贸易: 一个基于赫克歇尔——俄林模型的方法［J］. 经济资料译丛, 2005 (4): 12 – 21.

［11］ Pritchett L. Divergence, big time ［J］. The Journal of Economic Perspectives, 1997, 11 (3): 3 – 17.

［12］ Hidalgo C A, Hausmann R. The building blocks of economic complexity ［J］. proceedings of the national academy of sciences, 2009, 106 (26): 10570 – 10575.

［13］ Hidalgo C A, Klinger B, Barabási A L, et al. The product space conditions the development of nations ［J］. Science, 2007, 317 (5837): 482 – 487.

［14］ Krugman P. Scale economies, product differentiation, and the pattern of trade ［J］. The American Economic Review, 1980, 70 (5): 950 – 959.

［15］ Hummels D, Ishii J, Yi K M. The nature and growth of vertical specialization in world trade ［J］. Journal of international Economics, 2001, 54 (1): 75 – 96.

［16］ Feenstra R C, Hanson G H. Globalization, outsourcing, and wage inequality ［R］. National Bureau of Economic Research, 1996: 14 – 30.

［17］ Grossman G M, Helpman E. Outsourcing in a global economy［J］. The Review of Economic Studies, 2005, 72 (1): 135－159.

［18］ Grossman G M, Helpman E. Outsourcing versus FDI in industry equilibrium［J］. Journal of the European Economic Association, 2003, 1 (2－3): 317－327.

［19］ 贾根良. 超越市场与企业两分法［J］. 经济社会体制比较, 1998 (4): 13－19.

［20］ Arndt S W. Super－specialization and the gains from trade［J］. Contemporary Economic Policy, 1998, (16): 480－485.

［21］ Krugman P, Cooper R N, Srinivasan T N. Growing world trade: causes and consequences［J］. Brookings papers on economic activity, 1995 (1): 327－377.

［22］ 马风华, 李江帆. 生产服务业与制造业互动研究述评［J］. 经济管理, 2008 (17): 92－96.

［23］ 郑吉昌. 生产性服务业的发展与分工的深化［J］. 管理评论, 2005, 17 (5): 30－35.

［24］ Pappas N, Sheehan P. The new manufacturing: linkages between production and service activities［J］. Working for the Future: Technology and Employment in the Global Knowledge Economy, Victoria University Press, Melbourne, 1998.

［25］ 马春光. 跨国公司产业价值链转型对我国制造企业的启示［J］. 管理世界, 2004 (12): 140－141.

［26］ 綦良群, 赵龙双. 基于产品价值链的生产性服务业与装备制造业的融合研究［J］. 工业技术经济, 2013 (12): 118－124.

［27］ 黄亚南. 价值链视角下生产性服务业与制造业联动发展的调查与思考——以南通市通州区为例［J］. 经济研究导刊, 2012 (1): 28－31.

［28］ 林民书, 杨治国. 传统制造企业转型与生产性服务业发展［J］. 厦门大学学报 (哲学社会科学版), 2008 (4): 27－33.

［29］ Hansen N. Producer services, productivity and urban income［J］. Review of Regional Studies, 1993 (3): 255－264.

［30］ Riddle D I. Service－led growth［J］. The International Executive, 1986, 28 (1): 27－28.

［31］ 贾根良, 刘书瀚. 生产性服务业: 构建中国制造业国家价值链的关键［J］. 学术月刊, 2012 (12): 60－67.

［32］ Swenson D L. Overseas assembly and country sourcing choices［J］. Journal of International Economics, 2005, 66 (1): 107－130.

［33］ Pfeffer J, Salancik G R. The external control of organizations: A resource dependence perspective［M］. Stanford University Press, 2003.

［34］ Snehota, Ivan, and Hakan Hakansson, eds. Developing relationships in business networks［M］. London: Routledge, 1995.

［35］ Marshall T. Reflections on the bicentennial of the United States Constitution［J］. Harvard Law Review, 1987, 101 (1): 1－5.

［36］ 马歇尔, 志泰, 良壁. 经济学原理［M］. 北京: 商务印书馆, 1965.

[37] Machlup F. The production and distribution of knowledge in the United States [M]. Princeton university press, 1962.

[38] Greenfield H I. Manpower and the Growth of Producer Services [M]. New York: Columbia University Press, 1966.

[39] Fuchs V R. The service economy [J]. NBER Books, 1968.

[40] Katouzian M A. The development of the service sector: a new approach [J]. Oxford Economic Papers, 1970, 22 (3): 362 - 382.

[41] Browning. H. & Singelmann. J. The Emergence of a Service Society: Demographic and Soci - ological Aspects of the Sectoral Transformation of the Labor Force in the USA [M], Springfield, VA: National Technical Information Service, 1975.

[42] Marshall J N, Damesick P, Wood P. Understanding the location and role of producer services in the United Kingdom [J]. Environment and Planning A, 1987, 19 (5): 575 - 595.

[43] Francois J F. Trade in producer services and returns due to specialization under monopolistic competition [J]. Canadian Journal of Economics, 1990: 109 - 124.

[44] 程大中. 中国生产性服务业的水平，结构及影响 [J]. 经济研究，2008 (1): 76 - 88.

[45] 毕斗斗. 生产服务业发展研究: Research on the development of producer service [M]. 经济科学出版社，2009.

[46] Markusen J R. Trade in producer services and in other specialized intermediate inputs [J]. The American Economic Review, 1989: 85 - 95.

[47] Martinelli F. A demand - oriented approach to understanding producer services [J]. The changing geography of advanced producer services, 1991: 15 - 29.

[48] Muller E, Zenker A. Business services as actors of knowledge transformation: the role of KIBS in regional and national innovation systems [J]. Research policy, 2001, 30 (9): 1501 - 1516.

[49] MacPherson A. The role of producer service outsourcing in the innovation performance of New York State manufacturing firms [J]. Annals of the association of American Geographers, 1997, 87 (1): 52 - 71.

[50] Coase R H. The nature of the firm [J]. economica, 1937, 4 (16): 386 - 405.

[51] Richardson G B. The organisation of industry [J]. The economic journal, 1972, 82 (327): 883 - 896.

[52] Williamson O E. The economic intstitutions of capitalism [M]. Simon and Schuster, 1985.

[53] Larsson R. The handshake between invisible and visible hands: Toward a tripolar institutional framework [J]. International Studies of Management & Organization, 1993, 23 (1): 87 - 106.

[54] 罗仲伟. 网络组织的特性及其经济学分析（上）[J]. 外国经济与管理，2000, 6 (6): 25 - 28.

[55] 杨瑞龙，朱春燕. 网络经济学的发展与展望 [J]. 经济学动态，2004 (9): 19 - 23.

[56] 卢福财，胡平波. 网络组织成员合作的声誉模型分析 [J]. 中国工业经济，2005

(2): 73－79.

[57] Lawrence P R, Lorsch J W. Differentiation and integration in complex organizations [J]. Administrative science quarterly, 1967: 1－47.

[58] Granovetter M. The strength of weak ties: A network theory revisited [J]. Sociological theory, 1983, 1 (1): 201－233.

[59] 林润辉，李维安．网络组织——更具环境适应能力的新型组织模式 [J]. 南开管理评论，2000 (3): 4－7.

[60] 连红日，孙绪鑫．新经济环境下网络组织内涵及特征探究 [J]. 价值工程，2006, 25 (5): 77－79.

[61] 孙国强．网络组织的内涵，特征与构成要素 [J]. 南开管理评论，2001, 4 (4): 38－40.

[62] Pfeffer J, Salancik G R. The external control of organizations: A resource dependence perspective [M]. Stanford University Press, 2003.

[63] Jarillo J C. On strategic networks [J]. Strategic management journal, 1988, 9 (1): 31－41.

[64] Baker W, Nohria N, Eccles R G. The network organization in theory and practice [J]. 1992: 397－429.

[65] Miles R E, Snow C C. Causes of failure in network organizations [J]. California management review, 1992, 34 (4): 53－72.

[66] Achrol R S. Changes in the theory of interorganizational relations in marketing: Toward a network paradigm [J]. Journal of the academy of marketing science, 1997, 25 (1): 56－71.

[67] 李维安．网络组织：组织发展新趋势 [M]. 北京：经济科学出版社，2003.

[68] 闫二旺．网络组织的机制，演化与形态研究 [J]. 管理工程学报，2006, 20 (4): 120－124.

[69] 朱礼龙，周德群．网络组织模式及其演化机理研究 [J]. 现代经济探讨，2007 (8): 90－92.

[70] 江小涓．服务全球化的发展趋势和理论分析 Trends and Theoretical Issues of Globalization of Services [J]. 经济研究，2008 (2): 4－18.

[71] 刘明宇，芮明杰，姚凯．生产性服务价值链嵌入与制造业升级的协同演进关系研究 [J]. 中国工业经济，2010 (8): 66－75.

[72] 赵秀丽，张成．跨国公司生产网络与生产性服务业网络的嵌入性分析——以物流网络与金融网络为例 [J]. 上海经济研究，2010 (3): 60－67.

[73] 杨锐，张洁，芮明杰．基于主体属性差异的生产性服务网络形成及双重结构 [J]. 中国工业经济，2011 (3): 139－148.

[74] Taylor P J, Aranya R. A global "urban roller coaster"? Connectivity changes in the world city network, 2000—2004 [J]. Regional Studies, 2008, 42 (1): 1－16.

[75] Taylor P J, Catalano G, Walker D R F. Exploratory analysis of the world city network [J]. Urban Studies, 2002, 39 (13): 2377－2394.

[76] Taylor P J. Advanced producer service centres in the world economy [J]. Global urban

analysis: A survey of cities in globalization, 2011: 22 – 39.

[77] Taylor P J. Specification of the world city network [J]. Geographical analysis, 2001, 33 (2): 181 – 194.

[78] Taylor P J. World city network: a global urban analysis [M]. Psychology Press, 2004.

[79] Thierstein A. Lüthi S, Kruse C, et al. Changing value chain of the Swiss knowledge economy: spatial impact of intra – firm and inter – firm networks within the emerging mega – city region of northern Switzerland [J]. Regional studies, 2008, 42 (8): 1113 – 1131.

[80] Wall R S, Van der Knaap G A. Sectoral differentiation and network structure within contemporary worldwide corporate networks [J]. Economic Geography, 2011, 87 (3): 267 – 308.

[81] 王聪，曹有挥，陈国伟．基于生产性服务业的长江三角洲城市网络 [J]．地理研究，2014 (2): 323 – 335.

[82] Zhang X, Kloosterman R C. Connecting the "workshop of the world": Intra – and extra – service networks of the Pearl River Delta city – region [J]. Regional Studies, 2016, 50 (6): 1069 – 1081.

[83] Castells M. The space of flows [M]. Wiley Blackwell, 1996.

[84] Marin D. A new international division of labor in Europe: Outsourcing and offshoring to Eastern Europe [J]. Journal of the European Economic Association, 2006, 4 (2 – 3): 612 – 622.

[85] Schott P K. Across – product versus within – product specialization in international trade [J]. The Quarterly Journal of Economics, 2004: 647 – 678.

[86] Bernard A B, Jensen J B, Schott P K. Survival of the best fit: Exposure to low – wage countries and the (uneven) growth of US manufacturing plants [J]. Journal of international Economics, 2006, 68 (1): 219 – 237.

[87] Cramer C. Can Africa industrialize by processing primary commodities? The case of Mozambican cashew nuts [J]. World Development, 1999, 27 (7): 1247 – 1266.

[88] Nunn N. Relationship – specificity, incomplete contracts, and the pattern of trade [J]. The Quarterly Journal of Economics, 2007: 569 – 600.

[89] Waugh M. International trade and income differences [J]. The American Economic Review, 2010, 100 (5): 2093 – 2124. Yang, X. , & Yang X, Shi H. Specialization and product diversity [J]. The American Economic Review, 1992, 82 (2): 392 – 398.

[90] Fieler A C. Nonhomotheticity and bilateral trade: Evidence and a quantitative explanation [J]. Econometrica, 2011, 79 (4): 1069 – 1101.

[91] Stiglitz J E. Making globalization work [M]. WW Norton & Company, 2007.

[92] Pritchett L. Divergence, big time [J]. The Journal of Economic Perspectives, 1997, 11 (3): 3 – 17.

[93] Hidalgo C A, Hausmann R. The building blocks of economic complexity [J]. proceedings of the national academy of sciences, 2009, 106 (26): 10570 – 10575.

[94] Hidalgo C A, Klinger B, Barabúsi A L, et al. The product space conditions the development of nations [J]. Science, 2007, 317 (5837): 482 – 487.

[95] Verdoorn P J. The intra – bloc trade of Benelux [M]. Economic consequences of the size of nations. Palgrave Macmillan UK, 1960: 291 – 329.

[96] Balassa B. An empirical demonstration of classical comparative cost theory [J]. The Review of Economics and Statistics, 1963: 231 – 238.

[97] Krugman P R. Intraindustry specialization and the gains from trade [J]. The Journal of Political Economy, 1981: 959 – 973.

[98] Grubel H G, Lloyd P J. Intra – industry trade: the theory and measurement of international trade in differentiated products [M]. Macmillan, 1975.

[99] Krugman P. The increasing returns revolution in trade and geography [J]. The American Economic Review, 2009, 99 (3): 561 – 571.

[100] Hanson G H. The rise of middle kingdoms: Emerging economies in global trade [J]. The Journal of Economic Perspectives, 2012, 26 (2): 41 – 63.

[101] Dixit A K, Stiglitz J E. Monopolistic competition and optimum product diversity [J]. The American Economic Review, 1977, 67 (3): 297 – 308.

[102] Lipietz A. Le capital et son espace [M]. La Découverte/Maspero, 1983.

[103] Chase – Dunn C. The effects of international economic dependence on development and inequality: A cross – national study [J]. American Sociological Review, 1975: 720 – 738.

[104] Dixon W J, Boswell T. Dependency, disarticulation, and denominator effects: Another look at foreign capital penetration [J]. American Journal of sociology, 1996: 543 – 562.

[105] Auty R. The Political Economy of Hydrocarbon Revenue Cycling in Trinidad and Tobago [C]. May, paper prepared for workshop on Myths and Realities of Commodity Dependence: Policy Challenges and Opportunities for Latin America and the Caribbean, World Bank, 2009.

[106] Van Hamme G, Pion G. The relevance of the world – system approach in the era of globalization of economic flows and networks [J]. Geografiska Annaler: Series B, Human Geography, 2012, 94 (1): 65 – 82.

[107] Cramer C. Can Africa industrialize by processing primary commodities? The case of Mozambican cashew nuts [J]. World Development, 1999, 27 (7): 1247 – 1266.

[108] Stokes R, Jaffee D. Another look at the export of raw materials and economic growth [J]. American Sociological Review, 1982: 402 – 407.

[109] Sarkar P. The North – South terms of trade debate: a re – examination [J]. Progress in development studies, 2001, 1 (4): 309 – 327.

[110] Li K, Chu C, Hung D, et al. Industrial Cluster, Network And Production Value Chain: A New Framework For Industrial Development Based On Specialization And Division Of Labour [J]. Pacific Economic Review, 2010, 15 (5): 596 – 619.

[111] Ping J H. Middle Power Statecraft: Indonesia, Malaysia and the Asia – Pacific [M]. Aldershot: Ashgate, 2005.

[112] Fröbel F, Heinrichs J, Kreye O. The new international division of labour: structural unemployment in industrialised countries and industrialisation in developing countries [M]. Cambridge: Cambridge University Press, 1980.

[113] Nash J C, Fernandez – Kelly M P. Women, men, and the international division of labor [M]. SUNY Press, 1983.

[114] Bonacich E, Cheng L, Chinchilla N, et al. The garment industry in the restructuring global economy [J]. Global production: The apparel industry in the pacific rim, 1994: 3 – 18.

[115] Baldone S, Sdogati F, Tajoli L. On some effects of international fragmentation of production on comparative advantages, trade flows and the income of countries [J]. The World Economy, 2007, 30 (11): 1726 – 1769.

[116] Hamilton C. Capitalist industrialisation in East Asia's four little tigers [J]. Journal of contemporary Asia, 1983, 13 (1): 35 – 73.

[117] Appelbaum R P, Henderson J W. States and development in the Asian Pacific Rim [M]. Sage Publications, Inc, 1992.

[118] Grossman G M, Helpman E. Innovation and growth in the global economy [M]. MIT press, 1993.

[119] Dennis M. Innovation Networks and Territorial Dynamics: A Tentative Typology [J]. Patterns of Network Economy, 1993: 33 – 52.

[120] Copeland B R, Taylor M S. Trade, spatial separation, and the environment [J]. Journal of International Economics, 1999, 47 (1): 137 – 168.

[121] Mulder P. International specialization, sector structure and the evolution of manufacturing energy intensity in OECD countries [J]. Energy Journal, 2015, 36 (3): 111 – 136.

[122] Bair J. Analysing global economic organization: embedded networks and global chains compared [J]. Economy and Society, 2008, 37 (3): 339 – 364.

[123] Hess M, Yeung H W. Whither global production networks in economic geography? Past, present and future [J]. Environment and Planning A, 2006, 38 (6).

[124] Coe N M, Dicken P, Hess M. Global production networks: realizing the potential [J]. Journal of economic geography, 2008: lbn002.

[125] Coe N M, Hess M, Yeung H W C, et al. "Globalizing" regional development: a global production networks perspective [J]. Transactions of the Institute of British geographers, 2004, 29 (4): 468 – 484.

[126] Coe N M. Geographies of production II A global production network A – Z [J]. Progress in Human Geography, 2012, 36 (3): 389 – 402.

[127] Parrilli M D, Nadvi K, Yeung H W. Local and regional development in global value chains, production networks and innovation networks: A comparative review and the challenges for future research [J]. European Planning Studies, 2013, 21 (7): 967 – 988.

[128] Gereffi G. The Organization of Buyer – Driven Global Commodity Chains: How US Retailers Shape Overseas Production Networks [J]. Commodity chains and global capitalism, 1994.

[129] Humphrey J. Industrial reorganization in developing countries: from models to trajectories [J]. World development, 1995, 23 (1): 149 – 162.

[130] Linden G, Kraemer K L, Dedrick J. Who captures value in a global innovation network? the case of Apple's iPod [J]. Communications of the ACM, 2009, 52 (3): 140 – 144.

[131] Bair J, Gereffi G. Local clusters in global chains: the causes and consequences of export dynamism in Torreon's blue jeans industry [J]. World development, 2001, 29 (11): 1885 - 1903.

[132] Gibbon P. Upgrading primary production: a global commodity chain approach [J]. World Development, 2001, 29 (2): 345 - 363.

[133] Humphrey J, Schmitz H. How does insertion in global value chains affect upgrading in industrial clusters? [J]. Regional studies, 2002, 36 (9): 1017 - 1027.

[134] Sturgeon T J. Modular production networks: a new American model of industrial organization [J]. Industrial and corporate change, 2002, 11 (3): 451 - 496.

[135] Gereffi G, Humphrey J, Sturgeon T. The governance of global value chains [J]. Review of international political economy, 2005, 12 (1): 78 - 104.

[136] Dicken P. Global shift: Mapping the changing contours of the world economy [M]. SAGE Publications Ltd, 2007.

[137] Henderson J, Dicken P, Hess M, et al. Global production networks and the analysis of economic development [J]. Review of international political economy, 2002, 9 (3): 436 - 464.

[138] Yeung H W C. Rethinking relational economic geography [J]. Transactions of the Institute of British Geographers, 2005, 30 (1): 37 - 51.

[139] Yeung H W. Regional development and the competitive dynamics of global production networks: an East Asian perspective [J]. Regional Studies, 2009, 43 (3): 325 - 351.

[140] Gereffi G. Global commodity chains: new forms of coordination and control among nations and firms in international industries [J]. Competition & Change, 1996, 1 (4): 427 - 439.

[141] Gereffi G. International trade and industrial upgrading in the apparel commodity chain [J]. Journal of international economics, 1999, 48 (1): 37 - 70.

[142] Gereffi G, Humphrey J, Kaplinsky R. Introduction: Globalisation, value chains and development [J]. IDS bulletin, 2001, 32 (3): 1 - 8.

[143] Gereffi G, Korzeniewicz M. Commodity chains and global capitalism [M]. ABC - CLIO, 1994.

[144] Gereffi G, Pan M L. The globalization of Taiwan's garment industry [J]. Global Production, 1994.

[145] Smith A, Rainnie A, Dunford M, et al. Networks of value, commodities and regions: reworking divisions of labour in macro - regional economies [J]. Progress in Human Geography, 2002, 26 (1): 41 - 63.

[146] MacKinnon D. Beyond strategic coupling: reassessing the firm - region nexus in global production networks [J]. Journal of Economic Geography, 2012, 12 (1): 227 - 245.

[147] 陈爱贞，刘志彪，吴福象．下游动态技术引进对装备制造业升级的市场约束 [J]. 管理世界，2008 (2): 72 - 81.

[148] 刘志彪，张杰．从融入全球价值链到构建国家价值链：中国产业升级的战略思考 [J]. 学术月刊，2009 (9): 59 - 68.

[149] 孙建波，张志鹏．第三次工业化：铸造跨越“中等收入陷阱”的国家价值链

[J]. 南京大学学报（哲学·人文科学·社会科学版），2011，48（5）：15－26.

[150] Cheng W, Zhang D. Domestic and global sourcing [J]. Division of Labour & Transaction Costs, 2006, 2 (1): 37－53.

[151] 庞春. 交易效率，迂回生产与资本市场形成：超边际一般均衡分析 [J]. 审计与经济研究，2010（4）：3－7.

[152] 庞春. 一体化，外包与经济演进：超边际—新兴古典一般均衡分析 [J]. 经济研究，2010，45（3）：114－128.

[153] 张松林，武鹏. 全球价值链的"空间逻辑"及其区域政策含义——基于制造组装环节与品牌营销环节空间分离的视角 [J]. 中国工业经济，2012（7）：109－121.

[154] Dunning J H. Multinational enterprises and the globalization of innovatory capacity [J]. Research policy, 1994, 23 (1): 67－88.

[155] Hall R E, Jones C I. Why Do Some Countries Produce so Much More Output Per Worker than Others [J]. Quarterly Journal of Economics, 1999, 114 (1): 83－116.

[156] Gallup J L, Sachs J D, Mellinger A D. Geography and economic development [J]. International regional science review, 1999, 22 (2): 179－232.

[157] Portes R, Rey H. The determinants of cross－border equity flows [J]. Journal of international Economics, 2005, 65 (2): 269－296.

[158] 徐康宁，陈健. 跨国公司价值链的区位选择及其决定因素 [J]. 经济研究，2008（3）：138－149.

[159] Birkinshaw J, Braunerhjelm P, Holm U, et al. Why do some multinational corporations relocate their headquarters overseas? [J]. Strategic Management Journal, 2006, 27 (7): 681－700.

[160] Francois J F. Producer services, scale, and the division of labor [J]. Oxford Economic Papers, 1990: 715－729.

[161] Francois J, Woerz J. Producer services, manufacturing linkages, and trade [J]. Journal of Industry, Competition and Trade, 2008 (8): 199－229.

[162] Fernandes A M, Paunov C. Foreign direct investment in services and manufacturing productivity growth: evidence for Chile [J]. World Bank Policy Research Working Paper Series, Vol, 2008.

[163] 顾乃华. 生产性服务业对工业获利能力的影响和渠道——基于城市面板数据和SFA模型的实证研究 [J]. 中国工业经济，2010（5）：48－58.

[164] Eswaran M, Kotwal A. The role of the service sector in the process of industrialization [J]. Journal of Development Economics, 2002, 68 (2): 401－420.

[165] Andersson M, Noseleit F. Start－ups and employment growth: evidence from Sweden [R]. Jena economic research papers, 2008.

[166] 黄莉芳，黄良文，郭玮. 生产性服务业提升制造业效率的传导机制检验——基于成本和规模中介效应的实证分析 [J]. 财贸研究，2012（3）：22－30.

[167] Diez J R. The importance of public research institutes in innovative networks－Empirical results from the Metropolitan innovation systems Barcelona, Stockholm and Vienna [J]. Euro-

pean Planning Studies, 2000, 8 (4): 451 -463.

[168] Ulaga W, Reinartz W J. Hybrid offerings: how manufacturing firms combine goods and services successfully [J]. Journal of marketing, 2011, 75 (6): 5 -23.

[169] Leiponen A. The benefits of R&D and breadth in innovation strategies: a comparison of Finnish service and manufacturing firms [J]. Industrial and Corporate Change, 2012, 21 (5): 1255 -1281.

[170] Contreras O F, Carrillo J, Alonso J. Local Entrepreneurship within Global Value Chains: A Case Study in the Mexican Automotive Industry [J]. World Development, 2012, 40 (5): 1013 -1023.

[171] 杨小凯．发展经济学：超边际与边际分析 [M]. 北京：社会科学文献出版社，2003.

[172] 杨小凯．经济学原理 [M]. 北京：中国社会科学出版社，1998.

[173] 亚当．斯密．国民财富的性质和原因的研究 [M]. 北京：商务印书馆，1974.

[174] Yang X, Ng Y K. Theory of the firm and structure of residual rights [J]. Journal of Economic Behavior & Organization, 1995, 26 (1): 107 -128.

[175] Arndt S W. Super - specialization and the gains from trade [J]. Contemporary Economic Policy, 1998 (16): 480 -485.

[176] Yi K. Can Vertical Specialization Explain the Growth of World Trade [J]. Journal of Political Economy, 2003, 111 (1): 52 -102.

[177] 卢锋．产品内分工 [J]. 经济学（季刊），2004，4 (1): 55 -82.

[178] Hanson G H, Mataloni Jr R J, Slaughter M J. Vertical production networks in multinational firms [J]. Review of Economics and statistics, 2005, 87 (4): 664 -678.

[179] Antràs P, Helpman E. Global sourcing [R]. National Bureau of Economic Research, 2003.

[180] 庞春．服务经济的微观分析——基于生产与交易的分工均衡 [J]. 经济学季刊，2010，9 (3): 961 -984.

[181] 庞春．为什么交易服务中间商存在？内生分工的一般均衡分析 [J]. 经济学（季刊），2009，8 (2): 583 -610.

[182] Coe N M. The externalisation of producer services debate: the UK computer services sector [J]. The Service Industries Journal, 2000, 20 (2): 64 -81.

[183] 柯颖，王述英．模块化生产网络：一种新产业组织形态研究 [J]. 工业经济，2008 (11): 2 -9.

[184] 彼得，诺兰，张瑾等．全球商业革命，瀑布效应以及中国企业面临的挑战 [J]. 北京大学学报（哲学社会科学版），2006，43 (2): 132 -140.

[185] 刘维林．产品架构与功能架构的双重嵌入——本土制造业突破 GVC 低端锁定的攀升途径 [J]. 中国工业经济，2012 (1): 152 -160.

[186] Lall S. The Technological structure and performance of developing country manufactured exports, 1985 -98 [J]. Oxford development studies, 2000, 28 (3): 337 -369.

[187] 唐海燕，张会清．产品内国际分工与发展中国家的价值链提升 [J]. 经济研究，

2009（9）：81－93.

［188］邱斌，叶龙凤，孙少勤．参与全球生产网络对我国制造业价值链提升影响的实证研究——基于出口复杂度的分析［J］．中国工业经济，2012（1）：57－67.

［189］牛卫平．国际外包陷阱产生机理及其跨越研究［J］．中国工业经济，2012（5）：109－121.

［190］Schott P K. The relative sophistication of Chinese exports［J］. Economic policy, 2008, 23（53）：5－49.

［191］Xu B, Lu J. Foreign direct investment, processing trade, and the sophistication of China's exports［J］. China Economic Review, 2009, 20（3）：425－439.

［192］王永进，盛丹，施炳展，李坤望．基础设施如何提升了出口技术复杂度［J］．经济研究，2010，45（7）：103－115.

［193］祝树金，戢璇，傅晓岚．出口品技术水平的决定性因素：来自跨国面板数据的证据［J］．世界经济，2010（4）：28－46.

［194］Hausmann R, Hwang J, Rodrik D. What you export matters［J］. Journal of economic growth, 2007, 12（1）：1－25.

［195］Coase R H. The nature of the firm［J］. economica, 1937, 4（16）：386－405.

［196］（美）菲利普·科特勒．营销管理（第十二版）［M］．上海：上海人民出版社，2006.

［197］Anselin, L. Spatial Econometrics：Methods and Models［M］. Dordrecht：Kluwer Academic Publishers, 1988.

［198］Cohen J P. Economic benefits of investments in transport infrastructure［R］. OECD Publishing, 2007.

［199］魏下海．基础设施，空间溢出与区域经济增长［J］．经济评论，2010（4）：82－89.

［200］Lesage J P. A spatial econometric examination of China's economic growth［J］. Geographic Information Sciences, 1999, 5（2）：143－153.

［201］Yu Y. CHINA_ SPATDWM：Stata module to provide spatial distance matrices for Chinese provinces and cities［J］. Statistical Software Components, 2009.

［202］林光平，龙志和，吴梅．中国地区经济σO收敛的空间计量实证分析［J］．数量经济技术经济研究，2006（4）：15－22.

［203］Rodrik D. What's so special about China's exports［J］. China & World Economy, 2006, 14（5）：1－19.

［204］樊纲，关志雄，姚枝仲．国际贸易结构分析：贸易品的技术分布［J］．经济研究，2006（8）：70－80.

［205］姚洋，张晔．中国出口品国内技术含量升级的动态研究——来自全国及江苏省，广东省的证据［J］．中国社会科学，2008（2）：67－82.

［206］杜传忠，张丽．中国工业制成品出口的国内技术复杂度测算及其动态变迁——基于国际垂直专业化分工的视角［J］．中国工业经济，2013（12）：52－64.

［207］Koopman R, Wang Z, Wei S J. How much of Chinese exports is really made in China?

Assessing domestic value - added when processing trade is pervasive [R]. National Bureau of Economic Research, 2008.

[208] 盛斌. 中国对外贸易政策的政治经济分析/当代经济学文库 [M]. 上海: 上海人民出版社, 2002.

[209] Costinot A. On the origins of comparative advantage [J]. Journal of International Economics, 2009, 77 (2): 255 - 264.

[210] 庞春. 专业中间商的出现: 基于西方经济史与超边际经济学的解释 [J]. 制度经济学研究, 2008 (4): 49 - 63.

[211] 陈爱贞. 全球竞争下装备制造业技术创新路径: 基于分工网络视角分析 [J]. 南京大学学报 (哲学·人文科学·社会科学版), 2013, 50 (03): 15 - 24.

[212] Baltagi B. Econometric analysis of panel data [M]. John Wiley & Sons, 2008.

[213] 徐磊. 技术预见方法的探索与实践思考——基于德尔菲法和技术路线图的对接 [J]. 科学学与科学技术管理, 2011, 32 (11): 37 - 41.

[214] 田军, 张朋柱, 王刊良等. 基于德尔菲法的专家意见集成模型研究 [J]. 系统工程理论与实践, 2004, 24 (1): 57 - 62.

[215] 刘学毅. 德尔菲法在交叉学科研究评价中的运用 [J]. 西南交通大学学报 (社会科学版), 2007, 8 (2): 21 - 25.

发表论文和参加科研情况说明

发表论文：

1. Zhang R, Li J, Wu S, et al. Learning to Select Supplier Portfolios for Service Supply Chain [J]. PloS one, 2016, 11 (5): e0155672. (SCI 中科院 JCR 分区三区) (IDS: DM4BR)

2. Zhang R, Liu S, Wu S, et al. Function Mechanism & Simulation of "Chain Mode Innovation" Policy in the Optimization and Upgrading of the Industry Structure [J]. Automation and Control Systems Journal, 2014, 6: 1849 – 1855.

(EI: As number: 20161802323793)

3. 张瑞，刘书瀚，吴绍玉，蒙大斌．生产性服务业网络：新常态中国产业发展的新动力 [J]. 宏观经济管理，2016 (6): 60 – 65.

4. 刘书瀚，张瑞，刘立霞．中国生产性服务业和制造业的产业关联分析 [J]. 南开经济研究，2011 (6): 65 – 74. (CNKI 被引 70 次)

5. 张瑞，刘书瀚．基于 PCA – DEA 复合模型的我国商业银行效率评价 [J]. 天津商业大学学报，2010，30 (6): 39 – 42.

6. 蒙大斌，张瑞，刘书瀚．外国在华专利与中国创新技术进步：扩散效应抑或阻塞效应？[J]. 科技管理研究，2016 (20): 137 – 142.

参加科研情况：

本人研究生期间曾参与多项科研项目，在项目中主要进行定量分析的研究，具体的项目包括：

1. 国家社会科学基金项目《加快我国生产性服务业发展与创新研究》

国家发改委课题《服务业与新型城镇化互动发展研究》

2. 天津市"十二五"规划重大项目《加快以生产性服务业为重点的现代服务业全面发展的思路及对策研究》

3. 天津市发改委"十三五"重大课题项目《"十三五"天津建设与现代化大都市地位相适应的服务经济体系研究》

附　录

附表 A：调查问卷

生产性服务业网络促进企业向全球价值链高端攀升的作用评价

尊敬的先生/女士：

您好！非常感谢您能抽出宝贵的时间参与本次关于企业通过构建生产服务业网络促进价值链攀升的课题研究。本问卷采取填表人相互之间匿名形式，答案无对错之分，数据结果仅用作科研目的，敬请放心根据真实情况选择。谢谢您的配合！

调查方法简介：

德尔菲法是一种基于专家调查的定性预测方法，该方法被广泛应用到军事、教育、医疗、经济等各个领域。德尔菲法致力于定性分析，主要依靠相关专家的经验对事物的发展进行预测和判断，具体操作可描述为主要通过以匿名调查形式对相关专家多次征求意见，并向专家反馈每次调查结果，如此循环反复致使不同专家判断趋于一致，并对调查结果进行定量统计分析的定性分析方法，该方法具有权威性、匿名性、反馈性、统计性、趋同性、专业性和科学性等特点。

生产性服务业与生产性服务业网络简介：

生产性服务业是为生产其他产品或服务提供中间投入的具有知识性强、创新活跃、产业融合度高、带动作用显著等特点的产业，其融通生产的全过程；其次，生产性服务业相对制造业而言组织关联互补性大，组织创新更容易在产业内和产业间扩散；再次，正是由于生产性服务业发展所形成的创新网络、金融网络、物流网络、营销网络等生产性服务业网络实现了分工网络中知识流、物流、资金流、信息流的传递；还有，如果说当今世界经济的中枢神经系统是领军企业所掌控的全球价值链的话，那么这些领军企业往往具有生产性服务性质，因为生产性服务业占据价值链的高端位置，是主要价值增长点。生产性服务业网络一方面为企业链接到全球生产网络打开了通道，另一方面其对于企业实现价值获取范围扩大、交易效率提高快速、知识信息传递便利、敏捷制造和持续创新等方面具有显著的网络效应，进而有助于加速实现企业向全球价值链高端演进。

生产性服务业网络的主要作用表现为：一是由企业、大学、科研机构、用户、供应商等通过正式和非正式关系建立的创新网络平台，可以在全球范围内搜寻、利用高级生产要素和知识资源，形成跨部门、跨区域、跨国界的创新战略联盟，通过开展原始创新，集成创新、引进消化吸收再创新，实现由“中国制造”向“中国创造”的转变。二是企业创新的研发投入需要金融支持，过去中国企业更多的是通过银行间接融资，现代金融网络拓展了金融产业发展的深度和广度，可以在更广泛的空间范围内进行资本配置，进而满足企业的融资需求。三是物流网络是把全球范围内的商品采购、运输、仓储、加工、整理、配送、销售和信息等有机结合起来，以最低的费用和最小的风险极大限度地实现货物的时空压缩，保证流通领域中商品供求的及时对接。从而为其客户带来更多新的价值增值。四是营销网络对于企业在更广泛空间内采集市场信息、拓展销售渠道、建设具有国际化品牌的产品和专业化市场等方面发挥着重要作用。一方面营销网络可以汇集供给和需求，节省交易费用，另一方面，营销网络通过企业之间的空间联动，不断调整产品定位以便适应市场需求。

说明：生产性服务业网络对企业向全球价值链高端攀升影响的评价「非常重要」5 分、「重要」4 分、「一般」3 分、「不重要」2 分、「非常不重要」1 分。

附表 A　　评分表

生产性服务业网络	网络作用	重要程度					意见说明		
		5	4	3	2	1			
		非常重要	重要	一般	不重要	非常不重要			
创新网络	该网络帮助我们降低了交易成本								
	该网络帮助我们提高了专业化水平								
	该网络帮助我们提高了产品生产率								
	该网络帮助我们扩大了品牌效应								
	该网络帮助我们提高了自主创新水平提升								
	该网络帮助我们整合了外部资源								
	该网络帮助我们拓展了新的市场								
	该网络帮助我怎么引入了全新的服务								

续表

生产性服务业网络	网络作用	重要程度					意见说明		
		5	4	3	2	1			
		非常重要	重要	一般	不重要	非常不重要			
创新网络	该网络帮助我们开发了全新的技术								
	该网络帮助我们实现了产品或服务升级								
	该网络帮助我们巩固了现有市场								
	是否建议新增指标，□无　□有（如有，写出名称和内涵，并在下面灰色表格内填写并勾选）								
		5	4	3	2	1	意见说明		
金融网络	该网络帮助我们降低了交易成本								
	该网络帮助我们提高了专业化水平								
	该网络帮助我们提高了产品生产率								
	该网络帮助我们扩大了品牌效应								
	该网络帮助我们提高了自主创新水平提升								
	该网络帮助我们整合了外部资源								
	该网络帮助我们拓展了新的市场								
	该网络帮助我们引入了全新的服务								
	该网络帮助我们开发了全新的技术								
	该网络帮助我们实现了产品或服务升级								
	该网络帮助我们巩固了现有市场								
	是否建议新增指标，□无　□有（如有，写出名称和内涵，并在下面灰色表格内填写并勾选）								
		5	4	3	2	1	意见说明		

续表

生产性服务业网络	网络作用	重要程度					意见说明		
		5	4	3	2	1			
		非常重要	重要	一般	不重要	非常不重要			
物流网络	该网络帮助我们降低了交易成本								
	该网络帮助我们提高了专业化水平								
	该网络帮助我们提高了产品生产率								
	该网络帮助我们扩大了品牌效应								
	该网络帮助我们提高了自主创新水平提升								
	该网络帮助我们整合了外部资源								
	该网络帮助我们拓展了新的市场								
	该网络帮助我们引入了全新的服务								
	该网络帮助我们开发了全新的技术								
	该网络帮助我们实现了产品或服务升级								
	该网络帮助我们巩固了现有市场								
	是否建议新增指标，□无　□有（如有，写出名称和内涵，并在下面灰色表格内填写并勾选）								
		5	4	3	2	1	意见说明		
营销网络	该网络帮助我们降低了交易成本								
	该网络帮助我们提高了专业化水平								
	该网络帮助我们提高了产品生产率								

续表

生产性服务业网络	网络作用	重要程度					意见说明		
		5	4	3	2	1			
		非常重要	重要	一般	不重要	非常不重要			
营销网络	该网络帮助我们扩大了品牌效应								
	该网络帮助我们提高了自主创新水平提升								
	该网络帮助我们整合了外部资源								
	该网络帮助我们拓展了新的市场								
	该网络帮助我们引入了全新的服务								
	该网络帮助我们开发了全新的技术								
	该网络帮助我们实现了产品或服务升级								
	该网络帮助我们巩固了现有市场								
	是否建议新增指标，□无 □有（如有，写出名称和内涵，并在下面灰色表格内填写并勾选）								
		5	4	3	2	1	意见说明		

附表 B 生产性服务业网络的评价结果

附表 B 生产性服务业网络的评价结果

专家编号	第一次	第一次	第一次	第一次	第二次	第二次	第二次	第二次	第三次	第三次	第三次	第三次
	创新网络	金融网络	物流网络	营销网络	创新网络	金融网络	物流网络	营销网络	创新网络	金融网络	物流网络	营销网络
1												
2												

续表

专家编号	第一次	第一次	第一次	第一次	第二次	第二次	第二次	第二次	第三次	第三次	第三次	第三次
	创新网络	金融网络	物流网络	营销网络	创新网络	金融网络	物流网络	营销网络	创新网络	金融网络	物流网络	营销网络
3												
4												
5												
6												
7												
8												
平均值												

致　谢

本书是在我的导师刘书瀚教授的悉心指导下完成的。刘书瀚教授严谨的治学态度和科学的工作方法给了我极大的帮助和影响，在此衷心感谢硕博期间导师对我的关心和指导。

刘书瀚教授及他领导下的现代服务业研究中心团队在学习上和生活上都给予了我很大的关心和帮助，在此向团队的老师们表达衷心的感谢。

感谢天津大学管理与经济学部的老师和同学们。在你们身上我懂得了什么是科研，实事求是的校训同样潜移默化的影响着我，教我务实、创新、厚积薄发。

本书撰写期间，蒙大斌、徐志超、王庆山、杨小辉等同学对本书的研究工作给予了热情帮助，在此向他们表达我的感激之情。

另外也感谢家人，他们的理解和支持使我能够在学校专心完成我的学业。